JUL 2 2 2016

D1157694

Alimentación
Crudívora
Equilibrada

Si este libro le ha interesado y desea que lo mantengamos
informado de nuestras publicaciones, puede escribirnos a
comunicacion@editorialsirio.com,
o bien suscribirse a nuestro boletín de novedades en:
www.editorialsirio.com

Título original: Raw and Beyond
Traducido del inglés por Antonio Luis Gómez Molero
Diseño de portada: Editorial Sirio, S.A.

© de la edición original
Victoria Boutenko

©` de la presente edición
EDITORIAL SIRIO, S.A.

EDITORIAL SIRIO, S.A.	NIRVANA LIBROS S.A. DE C.V.	DISTRIBUCIONES DEL FUTURO
C/ Rosa de los Vientos, 64	Camino a Minas, 501	Paseo Colón 221, piso 6
Pol. Ind. El Viso	Bodega nº 8,	C1063ACC
29006-Málaga	Col. Lomas de Becerra	Buenos Aires
España	Del.: Alvaro Obregón	(Argentina)
	México D.F., 01280	

www.editorialsirio.com
sirio@editorialsirio.com

I.S.B.N.: 978-84-16579-14-3
Depósito Legal: MA-1706-2015

Impreso en Imagraf Impresores, S. A.
c/ Nabucco, 14 D - Pol. Alameda
29006 - Málaga

Impreso en España

Puedes seguirnos en Facebook, Twitter, YouTube e Instagram.

Victoria Boutenko
Elaina Love
Chad Sarno

Alimentación
Crudívora
Equilibrada

editorial Sirio

Dedicamos este libro a Cherie Soria,
maestra de cocina e inspiración para todos.

NOTA DE LOS AUTORES

En este libro presentamos nuestro nuevo enfoque sobre los alimentos crudos. Los tres descubrimos los beneficios de comer este tipo de alimentos aproximadamente al mismo tiempo, hace unos dieciséis años. Durante este periodo, hemos participado con frecuencia en los mismos eventos, ya sea sirviendo platos crudívoros o enseñando a prepararlos. En 2010 nuestros caminos volvieron a cruzarse en el Instituto de las Artes Culinarias Living Light de California. Nos intrigaba que los tres hubiéramos llegado independientemente a conclusiones similares sobre nuestra alimentación y hubiéramos empezado a practicar un tipo de cocina «trascendiendo la dieta crudívora». Al comentar esta coincidencia, decidimos que era importante compartir con nuestros seguidores las modificaciones que habíamos introducido en nuestra alimentación crudívora.

PRIMERA PARTE

Tres relatos de transformación crudívora

VICTORIA BOUTENKO

LOS DOS ERRORES PRINCIPALES DE MI DIETA CRUDÍVORA

Pasar toda una vida cometiendo errores no solo es más honorable, sino también más útil que pasar la vida sin hacer nada.

GEORGE BERNARD SHAW

Desde hace veinte años he sido pionera en la senda de la alimentación crudívora, y como tal reconozco tanto los errores cometidos como los éxitos alcanzados. Empecé a interesarme por la alimentación crudívora en 1993. En esa época había tan pocos libros sobre alimentos crudos que en un par de meses pude leérmelos prácticamente todos. Dos libros que me motivaron especialmente fueron *Raw Eating* (Comer crudo), de A.T. Hovannessian, y *Enzyme Nutrition* (Nutrición con enzimas), de Edward Howell. Este último se lo leí a mi familia. Quedé convencida de que la crudívora era la alimentación más natural para todas las criaturas, entre ellas los seres humanos.

En su libro, el doctor Howell aconseja que comamos tantos alimentos crudos como sea posible. Su investigación me animó mucho, y esto, unido a que los problemas de salud de mi familia superaban con creces las expectativas de curación de los tratamientos médicos, hizo que a partir de enero de 1994 comenzáramos a alimentarnos de forma cien por cien crudívora.

Hoy en día, diecinueve años más tarde, sigo estando totalmente conforme con esa decisión. Creo que me salvó la vida y que, gracias a ella, mi familia se curó de afecciones tan graves como la arritmia, la diabetes, la artritis reumatoide y el asma. No voy a repetir aquí la historia de mi familia, ya que aparece en el resto de mis libros y también en internet. Preferiría, más bien, hablar de los errores que cometí en mi aventura con la alimentación crudívora, y de cómo los corregí. Veo los diecinueve años de este tipo de alimentación de mi familia como una oportunidad de presentársela a los demás de una manera más práctica.

Durante mucho tiempo la teoría de la alimentación crudívora me pareció tan perfecta que no podía encontrarle ninguna pega. Mi alimentación era cien por cien crudívora y trataba de motivar a tanta gente como fuera posible para que la siguieran. Años más tarde, me sorprendió descubrir varias incongruencias importantes en dos de mis afirmaciones favoritas: «Cualquier alimento crudo es superior a un alimento cocinado» y «La comida cruda es la mejor para los seres humanos porque todos los animales consumen alimentos cien por cien crudos».

Cualquier alimento crudo es superior a un alimento cocinado. Durante mucho tiempo esta conclusión me pareció clara e indiscutible. Sin embargo, tal afirmación solo es correcta cuando comparamos el valor nutricional de los mismos alimentos en sus versiones cruda y cocinada, por ejemplo, una col cruda y una col cocida, una patata cruda y una patata frita, nueces crudas y nueces tostadas, etc. Nunca me molesté en averiguar si había algún alimento cocinado que tuviera más valor nutricional que los alimentos crudos. Por ejemplo, ¿qué es más nutritivo, un espárrago al vapor o unos anacardos crudos, una col roja ligeramente cocida o 30 g de mantequilla cruda de almendra, una manzana al horno o una porción de pastel crudo? Si me hubiera hecho estas preguntas, las respuestas habrían demostrado que la afirmación «cualquier alimento crudo es superior a uno cocinado» era falsa.

Existen incontables variaciones de alimentos cocinados en todo el mundo, dependiendo de las distintas formas de cocinar, las costumbres étnicas y los diversos alimentos locales. El valor nutricional de estos alimentos depende del tiempo y de la intensidad del proceso de cocción. Por lo general, cuanto más ligera es la cocción, mayor es el valor nutricional. Por ejemplo, las verduras al vapor o cocidas ligeramente pueden mantener hasta el ochenta por ciento de sus vitaminas[1], minerales y otros nutrientes, mientras que las fritas, asadas o ahumadas pierden la mayor parte de su valor nutricional y además adquieren componentes tóxicos como acrilamidas, carcinógenos, mutágenos, etc.

La comida cruda es la mejor para los seres humanos porque todos los animales consumen alimentos cien por cien crudos. Este era otro de los principales razonamientos que usaba a favor de la alimentación crudívora. No prestaba mucha atención al hecho de que la mayoría de los animales (exceptuando a los carnívoros, que devoran grandes cantidades de carne de una vez) comen al menos durante seis horas al día para poder obtener la suficiente nutrición.

Con los años estas incongruencias en mis razonamientos empezaron a salir a la luz por sí mismas a consecuencia de las diversas reacciones de mi familia ante la alimentación cruda. Los primeros signos de problemas de salud aparecieron hace aproximadamente ocho años en una alimentación cien por cien crudívora.

Al principio todos los miembros de mi familia comenzaron a notar pequeños síntomas, como una verruga en una mano o alguna cana. Mi piel se volvió muy seca. Más tarde estos síntomas se incrementaron, y con ellos aparecieron unos fuertes deseos de comer alimentos insanos. Todo esto me hizo plantearme hasta qué punto es completa la alimentación crudívora en su forma actual.

PRINCIPALES CAMBIOS INTRODUCIDOS EN NUESTRA ALIMENTACIÓN
Batidos verdes

Normalmente los libros sobre alimentación crudívora van dirigidos a un público que se alimenta principalmente de fruta, verdura, frutos secos y semillas crudas. Eso es lo que hacíamos nosotros, pero obviamente faltaba algo en esa combinación.

Motivada por el aumento de síntomas de malestar entre los miembros de mi familia, comencé otra vez a investigar y descubrí el extraordinario valor nutritivo de las plantas de hojas verdes, me refiero en concreto a la parte verde de las hojas de plantas que podemos enrollar alrededor de un dedo). Estos vegetales son los únicos seres que pueden transformar el sol en alimento que todas las criaturas pueden consumir. La clorofila es una sustancia milagrosa, ya que en esencia es sol licuado.

Las verduras de hoja verde son vitales para la supervivencia de todos los seres vivos de nuestro planeta, entre ellos los humanos. De hecho, son tan esenciales para la existencia humana como el agua, el aire y la luz. Tras una extensa investigación he descubierto que su composición nutricional se ajusta sorprendentemente a nuestras necesidades nutritivas. Estos vegetales contienen la mayor parte de los minerales, vitaminas e incluso aminoácidos esenciales que los seres humanos necesitamos para una salud óptima.

Puedes encontrar más información sobre el valor nutritivo de este tipo de verduras en mis libros *Green for Life* (Una vida verde) y *Green Smoothie Revolution* (La revolución de los batidos verdes).

El problema en mi familia era que no nos gustaba el sabor de las verduras de hoja verde ni estábamos acostumbrados a comerlas en grandes cantidades. En septiembre de 2004, buscando la mejor manera de consumir más verduras de este tipo, se me ocurrió la idea de los batidos verdes. Un batido verde es una mezcla de verdura, fruta orgánica madura y agua. La fruta disimula el sabor de la verdura, y esto ayuda a consumir más de este alimento de una forma agradable. Al mezclarlos, los nutrientes de las verduras de hoja verde se absorben más eficazmente y proporcionan muchísimos más nutrientes que los demás alimentos, incluso las ensaladas.

En poco tiempo, podemos obtener tanta nutrición de los batidos verdes como los animales obtienen tras seis o más horas comiendo, y esto es fundamental para nuestro ajetreado ritmo de vida.

El gran descubrimiento del batido verde hizo desaparecer muchos signos de deterioro físico en mi familia, como la sensibilidad dental, las uñas quebradizas, la caída del cabello, la sequedad de la piel, etc. Sin embargo, añadir batidos verdes a nuestra alimentación no nos garantizaba una salud perfecta. Por ejemplo, no podía volver a mi peso ideal. Tenía la sensación de que todavía faltaba algo en nuestra alimentación. Hablé de esto con otros muchos especialistas en alimentación crudívora que la habían seguido a rajatabla durante años, y que también tenía la impresión de que algo faltaba en ella. Mis amigos trataban continuamente de paliar el problema a base de tomar diversos suplementos nutricionales.

Omega-3

En 2010, me di cuenta de que nuestra alimentación sufría de una grave carencia de ácidos grasos omega-3. Tras leer varios artículos científicos sobre su importancia, pensé que había encontrado una explicación a los problemas relacionados con nuestra alimentación cien por cien crudívora. Lo que descubrí fue sorprendente, y cambió por completo mi concepción de este tipo de alimentación.

La deficiencia de omega-3, que hoy en día es habitual entre la mayor parte de la población, no solo en los crudívoros, es consecuencia de los modernos cambios dietéticos y de un desconocimiento de los efectos que los ácidos grasos esenciales tienen sobre la salud.

La molécula omega-3 es única por su capacidad de cambiar de forma rápidamente. Esta flexibilidad excepcional se transmite a los órganos que la absorben.[2] El omega-3 diluye la sangre de los seres humanos y de los animales así como la savia de las plantas. Debido a estas cualidades se utiliza omega-3 para acelerar el funcionamiento de los órganos corporales. Por ejemplo, el omega-3 permite que el corazón lata de forma adecuada, que la sangre fluya libremente, que los ojos vean y que el cerebro tome decisiones con mayor rapidez y claridad.

Por otro lado, los ácidos grasos omega-6 sirven justo para lo contrario: condensan la sangre de los seres humanos y los animales así como los jugos de las plantas. Estos ácidos grasos se solidifican y causan inflamación de los tejidos. Algunos científicos asocian el exceso de omega-6 en la alimentación humana con afecciones como la enfermedad cardiovascular, el derrame cerebral, la artritis, el asma, los coágulos menstruales, la diabetes, los dolores de cabeza y la metástasis de los tumores. Sin embargo, quiero resaltar que los ácidos grasos omega-6 no son «malos»; también cumplen una función importante en el organismo, pero deben consumirse en una proporción adecuada con respecto a los omega-3.

Como la flexibilidad única de la molécula omega-3 hace que se deteriore fácilmente, en los últimos años la ingeniería genética ha estado manipulando las semillas, tratando de desarrollar cepas con un contenido superior de omega-6 e inferior de omega-3 para prolongar así el periodo de conservación de las semillas y de los aceites que se extraen de ellas.

Además, a la mayor parte de los animales de granja, como el ganado vacuno, bovino, porcino y aviar, cada vez se le alimenta más con soja, maíz y otros cereales, en lugar de hierba y heno, lo cual ha alterado el equilibrio de omegas presente en la carne. Los carnívoros deberían saber que la carne de los animales que consumen hierba tiene un alto contenido de omega-3 mientras que la de laquellos que consumen maíz y otros granos tiene un contenido elevado de omega-6.

Ni siquiera puede garantizarse ya que el pescado sea una buena fuente de omega-3. Los ácidos grasos omega-3 son la razón principal por la que los médicos recomiendan comer pescado habitualmente, pero los peces criados en piscifactorías se alimentan ahora en gran medida a base de cereales, lo que reduce enormemente sus niveles de aceites saludables. Un pescado que recientemente se ha vuelto muy popular, la tilapia, contiene el doble de omega-6 que de omega-3. El *New York Times* publicó una información que aseguraba que «comparado con otro pescado, la tilapia de piscifactoría contiene cantidades relativamente pequeñas de los beneficiosos ácidos grasos omega-3... porque se alimenta a los peces con maíz y soja en lugar de plantas de lago y algas, la alimentación de la tilapia salvaje en su entorno natural».[3]

Nuestra alimentación rica en cereales y aceite ha dado lugar a que la mayoría de la población, ya sea vegetariana o carnívora, consuma un exceso de ácidos grasos omega-6 y no suficiente omega-3. El resultado es que la mayoría de los estadounidenses tiene una grave deficiencia de ácidos grasos esenciales omega-3. Según un estudio reciente de facultad la Salud Pública de Harvard, la deficiencia de omega-3 es responsable de casi noventa y seis muertes prevenibles cada año en los Estados Unidos.[4] Para corregir este problema, primero necesitamos descubrir cuál sería el equilibrio más sano de ácidos grasos esenciales. La mayoría de los artículos que he leído sugiere que la proporción de omega-6 con respecto a omega-3 debería ser de 3:1 o 2:1. La alimentación norteamericana normal contiene una proporción de entre 10:1 y 20:1

de omega-6 con respecto a omega-3, un desequilibrio asociado con un elevado índice de enfermedad. El Instituto de Medicina, la sección de salud de la Academia Nacional de las Ciencias, recomienda una ingesta de aproximadamente 10:1, mucho más alta que la proporción recomendada por Suecia (5:1) o Japón (4:1). La proporción recomendada por Japón se asocia a una incidencia muy baja de enfermedades cardiovasculares y de otro tipo.

Podemos incrementar nuestro consumo de omega-3 de diversas formas. Según el doctor Frank Sacks, profesor de nutrición de la facultad de Salud Pública de Harvard, hay dos clases principales de ácidos grasos omega-3 en nuestra alimentación. Una es el ácido alfa-linolénico (AAL), que se encuentra en el aceite de linaza, las nueces y las verduras de hoja verde. La otra, la de los ácidos grasos de cadena larga eicosapentaenoico (APE) y docosahexaenoico (ADH), que se encuentra en los peces grasos. El cuerpo convierte parcialmente el AAL en APE y ADH. Por fortuna, el omega-3 está presente en grandes cantidades en todas las verduras, especialmente en las espinacas, la lechuga romana y la rúcula. Uno de los niveles más altos de omega-3 puede encontrarse en la verdolaga, una verdura silvestre muy extendida. Los batidos verdes son una manera ideal de incrementar la ingesta de estos beneficiosos ácidos grasos y ayudar así a la superación de diversas enfermedades. Al mismo tiempo, para reducir el omega-6 es recomendable disminuir el consumo de frutos secos.

La siguiente lista de proporción de omega-3 con respecto a omega-6 te ayudará a ver qué alimentos crudos comunes hay que comer más para incrementar la ingesta de ácido graso omega-3.

PROPORCIÓN DE OMEGA-3 Y OMEGA-6 EN ACEITES, SEMILLAS Y VERDURAS DE HOJA VERDE

Aceite de linaza (1 cucharada):

Total de ácidos grasos omega-3: 7.196 mg (4,2 veces más omega-3)

Total de ácidos grasos omega-6: 1.715 mg

nutritiondata.self.cow

Aceite de cáñamo (1 cucharada):

Total de ácidos grasos omega-3: 3.000 mg

Total de ácidos grasos omega-6: 8.000 mg (2,7 veces más omega-6)

hempbasics.com/shop/cms-display/hemp-seed-nutrition.html

Aceite de girasol (1 cucharada):

Total de ácidos grasos omega-3: 5,0 mg

Total de ácidos grasos omega-6: 3.905 mg (781 veces más omega-6)

nutritiondata.self.com/facts/fats-and-oils/7945/2

Aceite de cártamo (1 cucharada):

Total de ácidos grasos omega-3: 0 mg

Total de ácidos grasos omega-6: 10.073 mg (¡muchísimo omega-6!)

nutritiondata.self.com/facts/fats-and-oils/573/2

Aceite de sésamo (1 cucharada):

Total de ácidos grasos omega-3: 40,5 mg

Total de ácidos grasos omega-6: 5.576 mg (138 veces más omega-6)

nutritiondata.self.com/facts/fats-and-oils/511/2

Aceite de maíz (1 cucharada):
Total de ácidos grasos omega-3: 157 mg
Total de ácidos grasos omega-6: 7.224 mg (46 veces más omega-6)
nutritiondata.self.com/facts/fats-and-oils/580/2

Aceite de canola (1 cucharada):
Total de ácidos grasos omega-3: 1.031 mg
Total de ácidos grasos omega-6: 2.532 mg (2,5 veces más omega-6)
nutritiondata.self.com/facts/fats-and-oils/7947/2

Aceite de oliva: (1 cucharada)
Total de ácidos grasos omega-3: 103 mg
Total de ácidos grasos omega-6: 1.318 mg (13 veces más omega-6)
nutritiondata.self.com/facts/fats-and-oils/509/2

Manteca de cacao (1 cucharada):
Total de ácidos grasos omega-3: 13,5 mg
Total de ácidos grasos omega-6: 378 mg (28 veces más omega-6)
nutritiondata.self.com/facts/fats-and-oils/570/2

Aceite de coco (1 cucharada):
Total de ácidos grasos omega-3: 0 mg
Total de ácidos grasos omega-6: 243 mg (solo omega-6)
nutritiondata.self.com/facts/fats-and-oils/508/2

Coco (rallado, seco) pulpa, crudo (1 taza):
Total de ácidos grasos omega-3: 0 mg
Total de ácidos grasos omega-6: 293 mg (solo omega-6)
nutritiondata.self.com/facts/nut-and-seed-products/3106/2

Aguacate, crudo, en puré (1 taza):
Total de ácidos grasos omega-3: 253 mg
Total de ácidos grasos omega-6: 3.886 mg (15 veces más omega-6)
nutritiondata.self.com/facts/fruits-and-fruit-juices/1844/2

Semillas de chía (100 g):
Total de ácidos grasos omega-3: 17.552 mg (3 veces más omega-3)
Total de ácidos grasos omega-6: 5.785 mg
nutritiondata.self.com/facts/nut-and-seed-products/3061/2

Semillas de lino (100 g):
Total de ácidos grasos omega-3: 22.813 mg (3,9 veces más omega-3)
Total de ácidos grasos omega-6: 5.911 mg
nutritiondata.self.com/facts/nut-and-seed-products/3163/2

Semillas de cáñamo (100 g):
Total de ácidos grasos omega-3: 7.740 mg
Total de ácidos grasos omega-6: 19.360 mg (2,5 veces más omega-6)
en.wikipedia.org/wiki/Hemp

Semillas de girasol (1 taza):
Total de ácidos grasos omega-3: 34,0 mg
Total de ácidos grasos omega-6: 10.602 mg (312 veces más omega-6)
nutritiondata.self.com/facts/nut-and-seed-products/3076/2

Semillas de sésamo (1 taza):
Total de ácidos grasos omega-3: 541 mg
Total de ácidos grasos omega-6: 30.776 mg (57 veces más omega-6)
nutritiondata.self.com/facts/nut-and-seed-products/3070/2

Semillas de calabaza (1 taza):

Total de ácidos grasos omega-3: 250 mg

Total de ácidos grasos omega-6: 28.571 mg (114 veces más omega-6)

nutritiondata.self.com/facts/nut-and-seed-products/3066/2

Nueces (1 taza):

Total de ácidos grasos omega-3: 10.623 mg

Total de ácidos grasos omega-6: 44.567 mg (4,2 veces más omega-6)

nutritiondata.self.com/facts/nut-and-seed-products/3138/2

Almendras (1 taza):

Total de ácidos grasos omega-3: 5,7 mg

Total de ácidos grasos omega-6: 11.462 mg (2.011 veces más omega-6)

nutritiondata.self.com/facts/nut-and-seed-products/3085/2

Anacardos (1 taza):

Total de ácidos grasos omega-3: 62,0 mg

Total de ácidos grasos omega-6: 7.782 mg (126 veces más omega-6)

nutritiondata.self.com/facts/nut-and-seed-products/3095/2

Nueces de macadamia, crudas (1 taza):

Total de ácidos grasos omega-3: 276 mg

Total de ácidos grasos omega-6: 1.737 mg (6,3 veces más omega-6)

nutritiondata.self.com/facts/nut-and-seed-products/3123/2

Avellanas (1 taza):

Total de ácidos grasos omega-3: 100 mg

Total de ácidos grasos omega-6: 9.007 mg (90 veces más omega-6)

nutritiondata.self.com/facts/nut-and-seed-products/3116/2

Piñones (1 taza):

Total de ácidos grasos omega-3 151,0 mg

Total de ácidos grasos omega-6: 45.369 mg (300 veces más omega-6)

nutritiondata.self.com/facts/nut-and-seed-products/3133/2

Cacahuetes (1 taza):

Total de ácidos grasos omega-3: 4,4 mg

Total de ácidos grasos omega-6: 22.711 mg (5.162 veces más omega-6)

nutritiondata.self.com/facts/legumes-and-legume-products/4355/2

Pacanas (1 taza):

Total de ácidos grasos omega-3: 1.075 mg

Total de ácidos grasos omega-6: 22.487 mg (21 veces más omega-6)

nutritiondata.self.com/facts/nut-and-seed-products/3129/2

Trigo (1 taza):

Total de ácidos grasos omega-3: 52 mg

Total de ácidos grasos omega-6: 1.152 mg (22 veces más omega-6)

nutritiondata.self.com/facts/cereal-grains-and-pasta/5737/2

Centeno (1 taza):

Total de ácidos grasos omega-3: 265 mg

Total de ácidos grasos omega-6: 1.619 mg (6 veces más omega-6)

nutritiondata.self.com/facts/cereal-grains-and-pasta/5727/2

Avena (1 taza):

Total de ácidos grasos omega-3: 173 mg

Total de ácidos grasos omega-6: 3.781 mg (22 veces más omega-6)

nutritiondata.self.com/facts/cereal-grains-and-pasta/5708/2

Quinoa (1 taza):

Total de ácidos grasos omega-3: 522 mg

Total de ácidos grasos omega-6: 5.061 mg (10 veces más omega-6)

nutritiondata.self.com/facts/cereal-grains-and-pasta/5705/2

Lentejas (1 taza):

Total de ácidos grasos omega-3: 209 mg

Total de ácidos grasos omega-6: 776 mg (3,7 veces más omega-6)

nutritiondata.self.com/facts/legumes-and-legume-products/4337/2

Alubias crujientes, verdes, crudas (1 taza):

Total de ácidos grasos omega-3: 39,6 mg (1,6 veces más omega-3)

Total de ácidos grasos omega-6: 25,3 mg

nutritiondata.self.com/facts/vegetables-and-vegetable-products/2341/2

Frijoles rojos, cocidos (1 taza):

Total de ácidos grasos omega-3: 301 mg (1,6 veces más omega-3)

Total de ácidos grasos omega-6: 191 mg

nutritiondata.self.com/facts/legumes-and-legume-products/4297/2

Garbanzos, sin cocer (1 taza):

Total de ácidos grasos omega-3: 202 mg

Total de ácidos grasos omega-6: 5.186 mg (26 veces más omega-6)

nutritiondata.self.com/facts/legumes-and-legume-products/4325/2

Guisantes, sin cocer (1 taza):

Total de ácidos grasos omega-3: 50,8 mg

Total de ácidos grasos omega-6: 220 mg (4,3 veces más omega-6)

nutritiondata.self.com/facts/vegetables-and-vegetable-products/2520/2

Guisantes dulces, sin cocer (1 taza):
Total ácidos grasos omega-3: 12,7 mg
Total de ácidos grasos omega-6: 73,5 mg (5,8 veces más omega-6)
nutritiondata.self.com/facts/vegetables-and-vegetable-products/2516/2

Lechuga, hoja verde, cruda (1 entera, 360 g):
Total de ácidos grasos omega-3: 209 mg (2,4 veces más omega-3)
Total de ácidos grasos omega-6: 86,4 mg
nutritiondata.self.com/facts/vegetables-and-vegetable-products/2477/2

Lechuga, de hoja larga o romana, cruda (1 entera, 626 g):
Total de ácidos grasos omega-3: 707 mg (2,4 veces más omega-3)
Total de ácidos grasos omega-6: 294 mg
nutritiondata.self.com/facts/vegetables-and-vegetable-products/2475/2

Espinacas, crudas (1 manojo, 340 g):
Total de ácidos grasos omega-3: 469 mg (5,3 veces más omega-3)
Total de ácidos grasos omega-6: 88,4 mg
nutritiondata.self.com/facts/vegetables-and-vegetable-products/2626/2

Hojas de diente de león, crudas (100 g):
Total de ácidos grasos omega-3: 44 mg
Total de ácidos grasos omega-6: 261 mg (5,9 veces más omega-6)
nutritiondata.self.com/facts/vegetables-and-vegetable-products/2441/2

Rúcula, cruda (100 g):
Total de ácidos grasos omega-3: 170 mg (1,3 veces más omega-3)
Total de ácidos grasos omega-6: 130 mg
nutritiondata.self.com/facts/vegetables-and-vegetable-products/3025/2

Manzanas, sin cocer (1 mediana):
Total de ácidos grasos omega-3: 16,4 mg
Total de ácidos grasos omega-6: 78,3 mg (4,8 veces más omega-6)
nutritiondata.self.com/facts/fruits-and-fruit-juices/1809/2

Plátano, crudo (1 mediano):
Total de ácidos grasos omega-3: 31,9 mg
Total de ácidos grasos omega-6: 54,3 mg (1,7 veces más omega-6)
nutritiondata.self.com/facts/fruits-and-fruit-juices/1846/2

Fresones, crudos (100 g):
Total de ácidos grasos omega-3: 65,0 mg
Total de ácidos grasos omega-6: 90,0 mg (1,4 veces más omega-6)
nutritiondata.self.com/facts/fruits-and-fruit-juices/2064/2

Zanahorias, crudas (100 g):
Total de ácidos grasos omega-3: 2,0 mg
Total de ácidos grasos omega-6: 115 mg (58 veces más omega-6)
nutritiondata.self.com/facts/vegetables-and-vegetable-products/2383/2

CÓMO LA NUTRICIÓN CON OMEGA-3 ESTÁ REVOLUCIONANDO LA ALIMENTACIÓN CRUDÍVORA

Quienes siguen una dieta crudívora suelen recurrir a los aceites, los frutos secos y las semillas para incrementar la ingesta de calorías y añadir diversas grasas a la fruta y la verdura que consumen. Muchos crudívoros crean un surtido de comidas muy elaboradas para sustituir las carnes y féculas más pesadas a las que la alimentación occidental los ha acostumbrado. Ahí es donde empieza el problema. Una alimentación rica en frutos secos y semillas y pobre en verduras de hoja verde, fruta fresca y hortalizas provoca inevitablemente deficiencias nutricionales, entre ellas la falta de omega-3 y el consumo excesivo de omega-6. Estos desequilibrios pueden provocar inflamación, cándida, diabetes e incluso obesidad, precisamente las mismas enfermedades que muchos tratan de evitar adoptando una alimentación crudívora.

Más tarde o más temprano, la mayoría de los crudívoros se da cuenta de que una alimentación rica en frutos secos no funciona. Luego, después de intentar seguir una dieta crudívora sin frutos secos, muchos de ellos vuelven a los alimentos cocinados, mientras que otros buscan diferentes formas de seguir una alimentación cien por cien crudívora.

Ser totalmente crudívoro es mucho más fácil para quienes viven en climas cálidos, porque durante todo el año pueden disponer de productos locales maduros. En los climas más fríos, la mayor parte de los alimentos tienen que transportarse desde muy lejos, con lo cual las verduras llegan marchitas y las frutas, verdes. La escasez de productos de calidad hace que sea mucho más difícil seguir una alimentación cien por cien crudívora. No sé hasta qué punto es solo una coincidencia que mi familia empezara a tener dificultades con este tipo de alimentación después de mudarnos del soleado Colorado al lluvioso Oregón. Creo que en ese momento hubiéramos evitado muchos de nuestros problemas de salud de haber introducido algunos alimentos cocinados en nuestra dieta en lugar de consumir grandes cantidades de frutos secos y de mantequilla de frutos secos durante muchos años. Pero, como se suele decir, «más vale tarde que nunca» y «las cosas pasan por algo»: gracias a ese error adquirimos un conocimiento que nos ha permitido corregir nuestros patrones de alimentación. El mejor resultado es que estamos compartiendo esta valiosa experiencia con los demás, ayudándoles a evitar muchos errores lamentables.

La nueva información sobre los omegas ha cambiado radicalmente los fundamentos de la dieta de la alimentación crudívora. Una comida crudívora típica solía consistir en frutas y verduras, frutos secos y semillas, todo crudo. Muchas recetas crudas populares como el pan de nueces, los patés de frutos secos, la hamburguesa de frutos secos y ciertas tartas y pasteles contienen grandes cantidades de frutos secos y semillas. Mi familia elaboró también muchas de estas recetas tradicionalmente suculentas que aparecieron en nuestros primeros libros y vídeos y que eliminamos hace un par de años. En nuestros últimos libros de recetas hemos sustituido los frutos secos por hortalizas y verduras verdes ralladas.

Desde hace mucho los frutos secos se consideran una fuente de nutrición crudívora idónea por su densidad, por estar llenos de calorías y porque son muy prácticos para utilizarlos a diario como aperitivos, por sí mismos o en forma de barritas energéticas, en las actividades al aire libre y en los viajes. Ahora entiendo que utilizarlos de esa manera puede ser perjudicial para la salud debido a su elevado nivel de omega-6. Por supuesto, algunas barritas pueden estar hechas de semillas ricas en omega-3, como el cáñamo, el lino, las nueces o la chía, pero su periodo de conservación será muy corto debido a la tendencia del omega-3 a volverse rápidamente rancio.

Quienes quieran una alimentación crudívora sostenible y sustentable tienen que centrarse principalmente en alimentos integrales, ensaladas, batidos y zumos, tomando ocasionalmente pequeñas raciones de frutos secos y semillas. Puede ser difícil mantener una alimentación cien por cien crudívora con esas restricciones. Muchos de quienes siguen desde hace mucho esa alimentación han adoptado intuitivamente esta versión más limitada de la dieta cien por cien crudívora, y otros han pasado a una alimentación principalmente crudívora, aunque añadiendo algunos alimentos cocinados.

Elaina Love, Chad Sarno y yo somos buenos amigos desde hace diecisiete años. Nuestra amistad se ha desarrollado tanto en el terreno personal como en el profesional.

A lo largo de estos años hemos pasado, prácticamente de forma simultánea, por diversas fases del estilo de vida crudívoro y hemos hecho diversos descubrimientos acerca de él. Siempre que coincidimos en medio del ajetreo de las cocinas en alguno de los diversos retiros y festivales que se celebran por todo el mundo, disfrutamos compartiendo las últimas novedades sobre la familia e intercambiando opiniones y nuevas ideas culinarias.

En 2010 volvimos a encontrarnos en el Instituto de Artes Culinarias Living Light de Fort Bragg, en California. Comprobar las semejanzas de nuestros cambios más recientes en la alimentación crudívora nos impresionó y al mismo tiempo nos sirvió de acicate.

Tras esa reunión seguimos escribiéndonos y comentando este fenómeno, y decidimos que había llegado el momento de compartir con nuestros seguidores nuestra nueva visión de la alimentación crudívora.

Este libro de recetas crudívoras es diferente. La mayoría de las recetas no contiene frutos secos, semillas ni aceites.

Encontrarás gran cantidad de sopas, ensaladas, postres y otros platos que hemos elaborado y que forman parte de nuestra alimentación diaria. Chad, Elaina y yo mejoramos nuestras recetas crudívoras con una proporción más saludable de omegas. Hemos recreado, especialmente para este libro, varios platos crudívoros tradicionales de gran calidad, usando nuevos ingredientes para reducir de forma significativa su contenido en omega-6. Mi hija, Valya, aprendió a preparar varios platos sabrosos, muy suculentos, con un contenido elevado en omega-3; por eso le pedí que aportara a este libro una docena de sus recetas favoritas.

También incluimos varias recetas en las que los alimentos se cocinan ligeramente (las recetas están marcadas con las palabras *crudo*, *cocinado*, *parcialmente cocinado*). Estoy segura de que a algunos lectores les resultará muy sorprendente que tres conocidos cocineros crudívoros hayan creado un libro de recetas que contiene alimentos cocinados. A mí también me sorprende leerlo. Sin embargo, espero que estas recetas contribuyan a mejorar tu salud, calmar tus ansias y aportar un mayor equilibrio a tu vida.

MI ALIMENTACIÓN ACTUAL

Puedes ver en la tabla de la página 22 que la mayoría de los frutos secos tiene un elevado contenido en omega-6. Por ejemplo, las almendras contienen dos mil veces más omega-6 que omega-3. Ahora entiendo por qué tras varios años siguiendo una alimentación crudívora llegué a aborrecer la mayoría de los frutos secos. Cada vez que recibía un plato que contenía frutos secos, terminaba sintiendo ansias, incluso vomitando. He oído a mucha otra gente contar experiencias similares.

Durante unos diecisiete años, mi principal ingesta de calorías venía de los frutos secos. Como sucede con cualquiera que siga una alimentación cien por cien crudívora, sin frutos secos no podía consumir las 1.600 calorías que necesitamos diariamente. Algunos pueden comer una gran cantidad de fruta. A mí me gusta comer frutas a diario pero no se pueden conseguir todas las calorías solo con la fruta. Los batidos verdes son una estupenda fuente de nutrientes, pero tampoco proporcionan las suficientes calorías.

Mi experiencia y mi investigación me han llevado a una alimentación principalmente crudívora que hace la vida mucho más llevadera. En 2010 decidí eliminar de ella las almendras, los piñones, los anacardos, la mantequilla de cacahuetes, el tahini, y otras combinaciones de alimentos crudos hechas con frutos secos, semillas, y aceites. En su lugar añadí una pequeña cantidad de espárragos, brócoli, y col china al vapor, además de otras verduras de hoja verde y hortalizas ligeramente cocinadas.

Ahora me considero entre un noventa y noventa y cinco por cien crudívora. No tomo alimentos cocinados diariamente; en ocasiones los consumo tras una actividad física intensa o en un día frío de invierno. Sigo estando convencida de que las verduras de hoja verde, la fruta, y las hortalizas son los mejores alimentos para la salud. En la página 36 puedes ver mis pirámides de la alimentación para llevar una vida cotidiana sana.

En esta pirámide, al decir grasas saludables me refiero a frutos secos, semillas, aceites y frutas que contienen una proporción de omega beneficiosa para la salud, como las semillas y el aceite de linaza, las semillas de chía, las de cáñamo, las nueces, etc. En ocasiones añado pequeñas cantidades de aceite de oliva o de aguacate a mis ensaladas. Aunque nunca consumo aceite de coco, me encantan los cocos (jóvenes) tailandeses. Creo que la alimentación del ser humano no puede estar completa sin fruta orgánica madura, por eso trato de comer solo esta fruta porque estoy convencida de que cualquier otra clase de fruta no es natural para la salud humana.

Sigo apostando por una alimentación cien por cien crudívora como una práctica eficaz para curarse de forma natural. A mi familia le hizo mucho bien durante los primeros años de incursión en esta clase de alimentación. Cada cierto tiempo, sobre todo después de viajar mucho, la adopto durante varios días o semanas, solo que ahora mi alimentación crudívora incluye una cantidad muy limitada de frutos secos saludables. La pirámide de la derecha es la que utilizo para curarme y desintoxicarme.

He dejado de tener la impresión de que falta algo en mi alimentación. Me siento bien y mi peso se está normalizando cada vez más. He encontrado una paz profunda en mi interior al abandonar mi postura limitante e ilusa.

En lugar de ser cien por cien crudívora decidí estar sana. Pero sigo creyendo que la comida cruda es la manera ancestral y más natural de alimentarse para los seres humanos. Explicando las dificultades con las que he tropezado en mi periplo crudívoro, espero motivar a mucha más gente para que pruebe este tipo de alimentación.

PIRÁMIDE DE LA ALIMENTACIÓN PRINCIPALMENTE CRUDÍVORA
Y DE LA ALIMENTACIÓN CIEN POR CIEN CRUDÍVORA

ELAINA LOVE

En 1997, debido a problemas graves de salud, comencé a tomar alimentos crudos. Tenía cándida sistémica y múltiples alergias a alimentos. Me recetaron varios medicamentos que no me interesaba tomar. En esa época descubrí un libro llamado *Cleanse and Purify Thyself* (Límpiate y desintoxícate), de Richard Anderson. Un libro acerca de la limpieza que, además de hablar de la importancia de los alimentos crudos, contenía muchos testimonios de gente que se había curado de enfermedades siguiendo una alimentación crudívora. Así que decidí hacer la limpieza y comer alimentos crudos. En un mes, tras seguir una dieta sencilla, me sentía como nueva. Mi vida empezó a mejorar cada vez más conforme seguía con la alimentación crudívora. Con los años he hecho el experimento de abandonarla y volver a ella otra vez (hubo un periodo de más de dos años en el que solo comía alimentos crudos) y siempre me he sentido mejor cuando sigo una alimentación principalmente crudívora.

Sigo creyendo que una alimentación cien por cien crudívora es eficaz para limpiar y curar, y especialmente útil para quienes sufren enfermedades degenerativas, padecen un dolor intenso o incluso están agonizando. Pero he descubierto que, en ocasiones, puede desequilibrarnos; comer algunos alimentos cocinados me hace sentir más enraizada y equilibrada. Conozco a mucha gente que ha seguido la alimentación totalmente crudívora durante meses o años y luego ha decidido empezar a comer otra vez alimentos cocinados. Si en cualquier momento les hace falta desintoxicarse y purificarse, siguen la alimentación crudívora al cien por cien durante un tiempo y al final vuelven a introducir en ella alimentos cocinados. Yo también lo hago de vez en cuando; me ayuda a equilibrarme y a concentrarme mejor en mis proyectos vitales.

Me resulta fácil comer todos los alimentos crudos en verano, cuando la temperatura es cálida y estoy activa físicamente. A menudo me paso semanas comiendo exclusivamente alimentos crudos, y luego llega un momento en que mi cuerpo empieza a desear comer algo de quinoa, judías o tubérculos cocinados, alimentos que son un poco más sólidos. Cuando los añado, me siento mejor, más enraizada y más sana. De manera que no creo que la alimentación crudívora deba ser una cuestión de todo o nada. He descubierto que lo mejor para mí es familiarizarme con la alimentación natural y luego dejar que mi instinto me diga lo que necesito en cada momento. Por ejemplo, por el hecho de ser mujer estoy sujeta a ciclos menstruales, y mis deseos y mis ansias son diferentes dependiendo de lo que mi cuerpo necesite durante el mes. De manera que mi alimentación varía en cada estación, en cada mes o en cada semana, dependiendo de lo que deseo en el momento.

He observado que frecuentemente, y sea cual sea la razón, mi aspecto es menos saludable cuando sigo una alimentación cien por cien crudívora. No puedo explicar por qué. A menudo, cuando vuelvo a incluir alimentos cocinados en mi dieta, me dicen: «¡Tienes un aspecto fabuloso! ¿Qué has hecho?». Es curioso que elogien más mi aspecto cuando como algo de comida cocinada en vez de solo cruda.

Mi experiencia es que a la gente le resulta más atractiva la combinación de los alimentos crudos con otros ligeramente cocinados. Antes, cuando recomendaba una alimentación cien por cien crudívora, con frecuencia oía comentarios como: «Bueno, eso está muy bien para ti, pero yo no puedo seguir una alimentación cien por cien crudívora porque tengo una familia», o «porque estoy muy delgado», o por cualquier otra razón por la que la gente no puede seguir una alimentación crudívora. Creo que lo más importante es el equilibrio. Para mí, una alimentación compuesta por un ochenta por ciento de alimentos crudos y un veinte por ciento de alimentos cocinados (o incluso más de estos últimos, dependiendo de la época del año) es una alimentación más equilibrada, y más fácil de seguir como estilo de vida. Podemos empezar añadiendo más alimentos crudos en nuestra alimentación hasta encontrar el equilibrio adecuado para cada uno, en lugar de dejarnos presionar por la idea de que tiene que ser cien por cien crudívora y que menos de eso es inaceptable. Es probable que en alguna ocasión te sirvan una comida cocinada. Si tienes hambre, y decides tomarla, quizá luego te sientas decepcionado contigo mismo. En cambio, si dices: «Sigo una alimentación principalmente crudívora,» y piensas: «Bien, este ha sido mi diez o mi veinte por ciento de comida cocinada de la semana», y eso te libera de toda carga emocional. La alimentación principalmente crudívora te permite integrarte más en la sociedad y en la familia, y vivir con una mayor comodidad. Cuando la gente no conoce la comida crudívora, a menudo se preocupa pensando: «Qué voy a comer cuando coma fuera de casa. No sé qué hacer». Para la mayoría es mucho más fácil empezar por una alimentación principalmente crudívora; así siempre podrá añadir luego más alimentos crudos, si decide hacerlo.

He descubierto que nuestra actitud espiritual es tan importante, si no más, que el alimento que nos llevamos a la boca. Cómo vemos a los demás depende de cómo nos juzgamos a nosotros. Ser muy estricta conmigo misma en cuanto a la alimentación me llevó a juzgar a los demás y a ser muy intransigente con ellos y con mi perspectiva del mundo; me sentía muy aislada y me separé de muchas cosas, entre ellas de mi familia, porque tenía la impresión de que nadie me entendía. Descubrí que ese dogmatismo me estaba perjudicando. Criticarnos a nosotros mismos y sentirnos culpables puede afectar negativamente a nuestra salud; por eso, tratar de mantener una alimentación sana es contraproducente si pensamos que no lo estamos haciendo «correctamente» y nos castigamos por ello. Me he dado cuenta de que la gente está más contenta y se siente más equilibrada cuando se concede un poco más de libertad a sí misma. Ciertamente, volverme más flexible me ha proporcionado más equilibrio y más felicidad.

Añadir más verduras de hoja verde a mi alimentación también me ha hecho mucho más sana. Con frecuencia quienes siguen una alimentación crudívora comen cosas inadecuadas. Hubo un momento en el que mi alimentación era cien por cien crudívora pero estaba ingiriendo una enorme cantidad de postres crudos y dátiles, y muchos alimentos dulces, y esto me desequilibraba enormemente. La alimentación de bajo índice glucémico, baja en azúcar, que sigo ahora, rica en verduras de hoja verde y con alimentos cocinados como la quinoa y las judías, es una combinación mucho más sana que comer exclusivamente alimentos crudos.

Cuando empecé con la alimentación crudívora, comía muchos frutos secos, como hacen muchos nuevos adeptos a esta alimentación, para compensar la falta de trigo y productos lácteos. Muchas recetas crudas, como nuestras recetas de «pan» y «queso», están compuestas de frutos secos. Tras un par de años, mi cuerpo se volvió alérgico a ellos; empezaba a moquear si comía muchos. Incluso ahora la lengua se me ulcera rápidamente cuando ingiero demasiados. Puedo comer semillas, pero he decidido evitar los frutos secos en la medida de lo posible.

Aun así, creo que la alimentación crudívora elaborada, con su alto contenido en frutos secos, tiene una gran importancia porque le ofrece a mucha gente una manera saludable de comer. Soy cocinera de comida crudívora elaborada; me dedico a enseñar y a cocinar este tipo de comida. Creo que es útil enseñar a cocinar platos como la lasaña hecha con alimentos crudos, especialmente si tienes alergias al trigo o a los productos lácteos. Mucha gente que se hace vegetariana empieza a tomar una cantidad excesiva de trigo y otros cereales. La comida crudívora elaborada es importante porque tiene una cualidad reconfortante y ayuda a hacer la transición de alimentos que provocan alergia. Los platos crudívoros elaborados también ofrecen una alternativa atractiva para quienes quieren servir a su familia algo crudo y más interesante que unas simples ensaladas. Con frecuencia las familias están más dispuestas a aceptar una versión crudívora elaborada de platos como la lasaña porque es algo con lo que están familiarizados.

Sin embargo, no recomiendo seguir una dieta de alimentación crudívora elaborada durante mucho tiempo. He estado consumiendo comida cruda durante catorce años, y al principio comía mucho de lo que considero comida elaborada. Por ejemplo, hacía un pastel y lo comía para el desayuno; además, ingería muchas granolas, pizzas, etc. Ahora que llevo un diario de mi alimentación semanal, y anoto todo lo que como, observo que tiendo a comer con más sencillez, tomando muchas ensaladas verdes con una pizca de aceite de oliva. Todavía, en ocasiones especiales, hago estupendos platos elaborados, pero después de todos estos años, sigo comiendo con sencillez y no siento ninguna carencia.

Me he pasado mucho tiempo buscando una alimentación que fuese adecuada para todo el mundo. Aunque no he encontrado ninguna que sirva para todos, tras viajar por todo el mundo y observar los distintos patrones de alimentación, he observado algo muy importante: al parecer, si alguien cree que lo que come le va a sentar bien, los resultados son mejores que si cree que le sentará mal. Algunos siguen una alimentación cien por cien crudívora y por lo que se ve les da buen resultado; a otros que comen carne también parece que les va bien. A quienes, como yo, siguen una alimentación ochenta por ciento cruda y veinte por ciento cocinada, les va extraordinariamente bien. Aunque no puedo decir que haya encontrado una alimentación que sirva para todos, parece ser que la más beneficiosa es la principalmente crudívora con muchas hortalizas y verduras de hoja verde nutritivas y alcalinizantes (en lugar de una alimentación repleta de fruta desecada y frutos secos). Lo más importante es consumir la suficiente cantidad de verduras de hoja verde en diversas formas, ya sea bebiendo zumos y batidos verdes o comiendo grandes ensaladas verdes, con verduras como la col rizada, la acelga y la espinaca, además de las hierbas. A la mayoría de mis conocidos le encantan estos alimentos. Los disfrutan, y son los que más desean. En cuanto se salen un poco de su alimentación habitual, suelen decir: «¡Qué ganas tengo de tomarme unas verduritas!».

Comer determinados alimentos cocinados puede ser más beneficioso que comer alimentos crudos. Por ejemplo, cuando alguien que sigue una alimentación cien por cien crudívora siente la necesidad de comer algo sólido, normalmente recurre a los frutos secos. Si en lugar de eso tomara un poco de quinoa, o de judías pintas o rojas, al vapor, que son ricas en omega-3, se sentiría más satisfecho que comiendo frutos secos o fruta desecada. Comer gran cantidad de alimentos dulces, como los dátiles y las frutas dulces, eleva los niveles de azúcar e insulina de la sangre, incrementando el riesgo de desarrollar diabetes y otros problemas de salud. La quinoa y las judías son los dos alimentos cocinados que más he comido durante la semana pasada (no arroz, porque aunque no contenga gluten, me resulta excesivamente pesado; casi nunca como arroz porque después de hacerlo no me siento bien). De vez en cuando como una batata cocinada y un poco de col rizada salteada con ella, o cocino al vapor algunas verduras de hoja verde o brócoli. El brócoli es muy duro para digerirlo crudo, por eso prefiero cocinarlo al vapor.

Me gusta ofrecerle a la gente los alimentos más sanos. Después de descubrir que muchos de los alimentos crudos que solemos comer son ricos en omega-6 y bajos en omega-3, me he propuesto incorporar a mis recetas más ingredientes ricos en omega-3. Por ejemplo, he sustituido muchos frutos secos por semillas de cáñamo, nueces, semillas de linaza y semillas de chía. Al preparar un plato, siempre busco el equilibrio entre todos sus componentes. Me encanta descubrir nuevas combinaciones y ofrecérselas a mis clientes; mis platos sorprenden con frecuencia agradablemente tanto por su sabor como por sus ingredientes. La mayoría de la gente que he conocido que sigue una alimentación típicamente occidental no había oído hablar nunca, por ejemplo, de las semillas de chía ni conocía los extraordinarios beneficios que aportan a la salud —uno de ellos es su alto contenido en omega-3 y proteínas—. Me alegro de que este libro les enseñe una nueva manera de comer que es simple, fácil y también más variada.

Hoy en día muchos hemos llegado a creer que enfermar con frecuencia, cuatro o cinco veces al año, es algo totalmente normal. Mucha gente padece cáncer, diabetes, todo tipo de enfermedades, y estoy convencida de que si tuvieran más información sobre la alimentación y la nutrición, no sufrirían tanto. Por ejemplo, si todos conociéramos los peligros del azúcar blanco y su papel primordial en la destrucción de la salud, veríamos una gran reducción en los problemas de obesidad, cansancio o irritabilidad. Con frecuencia cuando alguien se hace vegetariano y deja la carne, empieza a comer gran cantidad de pasta, pan y otras féculas. Cuando me hice vegetariana, enfermé más por todos los cereales y gluten que comía. Por eso para mí es un privilegio informar a la gente de que dispone de otras opciones. Me encanta cuando mi familia y mis amigos prueban la comida cruda y dicen: «¡Me siento lleno de energía! ¡No sabía que uno se podía sentir así de bien solo con comer de esta manera!». Es gratificante descubrirles el gozo que pueden experimentar con tan solo añadir verduras y fuerza vital a su alimentación.

He oído a muchos quejarse: «Probé la alimentación crudívora pero la dejé, no me fue bien», porque se la tomaban en plan todo o nada. Sin embargo, nunca he oído a nadie decir: «He probado a añadir más frutas y verduras a mi alimentación y no me fue bien». Por eso es por lo que le pido a todo el mundo que trate de añadir más frutas y verduras. Es imposible equivocarse con eso. Hay muchos expertos que dicen cosas negativas sobre los alimentos crudos, pero todo el mundo está de acuerdo en que añadir más frutas y verduras a tu alimentación es bueno. Tan solo enseñamos a la gente cómo añadirlas.

A veces les digo a mis estudiantes que voy a engañarlos con el fin de que coman más verduras sin que se den cuenta. Por ejemplo, les sirvo una tortilla mexicana rellena de aguacate y tubérculos. Este plato sabe como un burrito delicioso, y no se dan cuenta de que están comiendo tres o cuatro verduras distintas. Las tiras de col rizada son otro ejemplo: saben como las patatas fritas y todo el mundo piensa que son deliciosas. Por supuesto, estas estrategias para comer de forma más sana funcionan mejor con quienes tienen una cierta disposición, con quienes quieren sentirse bien. Si alguien come Doritos o cortezas de cerdo y piensa que su vida está bien así, no va a pasarse a una alimentación crudívora. No lo hará hasta que se canse de enfermar, empiece a buscar soluciones y descubra la conexión entre su alimentación y su salud. Solo entonces querrá algo mejor para sí mismo y será más fácil que se sienta atraído por la comida crudívora.

Me alegro de que este libro añada más alimentos sanos a vuestra dieta, en lugar de enseñaros un enfoque todo o nada de la alimentación crudívora. Os invito a prepararos para el éxito haciendo una receta, o un par de ellas, a la semana. Id añadiendo cada vez más platos sanos y fijaos en cómo os sentís. ¡Experimentad! Soy mi propio experimento. La razón por la que sigo una alimentación principalmente crudívora es que he experimentado y descubierto lo que me da buen resultado; tengo más energía y fuerza vital, me levanto temprano y me siento vibrante, y sin necesidad de café. La alimentación crudívora me ha reportado beneficios tan grandes que estoy convencida de que si alguien la prueba, en vez de creer ciegamente lo que le decimos en este libro, descubrirá por sí mismo que puede sentarle estupendamente. No tienes nada que perder y sí mucho que ganar. Ganarás más energía porque estarás comiendo verduras de hoja verde. Ganarás en diversión porque descubrirás que no necesitas dormir tanto. Disfrutarás más de la vida. Y además te llevarás mejor con los demás. Para mí comer alimentos depuradores y curativos ha sido la clave para encontrar la alegría de vivir.

CHAD SARNO

Fui consciente por primera vez de la relación entre salud y alimentación debido al asma que padecía. Me pasé toda la infancia y la adolescencia luchando contra ese problema. Probé muchos inhaladores pero ninguno aliviaba mi enfermedad. Finalmente, un amigo de la familia me dijo que me vendría bien prescindir de los productos lácteos, así que dejé de tomarlos y a los seis meses ya no me hacían falta inhaladores ni volví a tener un ataque de asma nunca más. Esa experiencia fue mi primer paso en la senda de la salud.

Otra influencia importante que me llevó a la alimentación crudívora fue, durante mi juventud, la exploración espiritual de las enseñanzas de los esenios. Un día me encontré en Breitenbush Hot Springs, participando en un evento del Instituto de Artes Culinarias Living Light de Cherie Soria. Tras ayudarla con el catering para la Convención Esenia Nacional, Cherie me preguntó si estaría dispuesto a salir de Breitenbush y ser su cocinero de personal. Todo era muy básico en aquella época. Solo había tres personas más trabajando en Living Light, una especie de circo ambulante de alimentación crudívora. Me uní a ellos y fui el cocinero de personal de manera intermitente durante uno o dos años. Pasé a la preparación de alimentos crudívoros y, a partir de ahí, mi carrera como cocinero no ha dejado de avanzar.

Comencé con la alimentación crudívora en 1996 y durante algo más de seis años seguí una dieta cien por cien crudívora. Era increíblemente neurótico y fanático en lo que respecta a la alimentación. En esa época ni siquiera bebía té. Afortunadamente, me he relajado un poco y he empezado a añadir otra vez comida cocinada a mi dieta.

La principal razón por la que pasé de una alimentación cien por cien crudívora a una principalmente crudívora es que me siento más equilibrado cuando reduzco la cantidad de grasas, frutos secos y azúcares que estoy comiendo. La base de mi alimentación actual son las verduras verdes, las legumbres y los cereales. Con estos tres grupos de alimentos, me encuentro mejor que nunca. Me siento enraizado. Cuando veo fotos mías de cuando seguía una dieta cien por cien crudívora, noto que estaba excesivamente delgado. Y recuerdo que sentía como si no estuviera en mi cuerpo. Era difícil centrarse en el día a día, o crear un negocio próspero. Cuando era cien por cien crudívoro, sentía una inestabilidad constante. Además, descubrí que estaba tomando mucho azúcar y mucha grasa en esa época, debido a los platos elaborados que preparaba.

Decidí reevaluar cuál sería la alimentación óptima para mi cuerpo, lo que realmente me sienta bien. Probé todo tipo de depuraciones, ayuno y una gran variedad de alimentos crudos, explorando lo que mi organismo necesitaba. Hubo un tiempo en que solo comía fruta, luego me pasé a la dieta de las verduras de hoja verde, después de eso adopté la alimentación crudívora elaborada y por último la alimentación sencillamente crudívora. Pasé por muchas fases distintas, buscando la alimentación que hiciera que mi cuerpo y mi mente se sintiesen mejor. Alimentarme durante seis años de manera cien por cien crudívora influyó decisivamente en mis ideas sobre la curación. Sigo pensando que la alimentación crudívora es la dieta más curativa del mundo. Si enfermo, sé que lo mejor es volver a comer cien por cien alimentos crudos, solo que ahora excluyo los platos preparados con gran cantidad de frutos secos y aceites. Si algún conocido enferma, le aconsejo encarecidamente que coma tan solo alimentos crudos; pero en la vida cotidiana, creo que es beneficioso incorporar algo de legumbres y de cereales a la dieta. Y a largo plazo, es muy poco realista vivir con una alimentación cien por cien crudívora. La mayoría de las dietas de comida crudívora tienen un contenido muy elevado en azúcar y grasa.

He reducido el azúcar y la grasa y como casi exclusivamente grasas de alimentos integrales. Por ejemplo, no tomo aceites ni ninguna clase de alimentos fraccionados, y muy pocos frutos secos, una media de unos 30 g o un puñado pequeño al día. Algunos días, no tomo nada, otros sí, pero nada que ver con la exagerada cantidad de frutos secos que consumía cuando era cien por cien crudívoro. Eso me parece muy raro ahora. Teniendo en cuenta que mi alimentación era tan densa en calorías, me cuesta creer que no engordara más.

Aun así pienso que la alimentación crudívora elaborada tiene un lugar en nuestras vidas. Creo que el estilo crudívoro elaborado ejerce una gran influencia en el mundo culinario y sirve a un propósito extraordinario ya que enriquece a la alimentación sana y nos descubre mayores posibilidades dentro de ella. La cocina crudívora ayuda a presentar las verduras como algo más que una guarnición y muestra que la comida cruda sana puede saciar tanto como cualquier otra, y que es una delicia comerla. Creo firmemente que la comida cruda elaborada debería obtener el mismo reconocimiento y respeto que otros tipos de cocina. Debería estar al mismo nivel que la cocina francesa o la italiana. La comida cruda elaborada sigue siendo mi camino, y de vez en cuando continúo organizando eventos basados en ella; solo estoy cambiando la manera de usar los ingredientes, nada más. Pienso que la comida cruda elaborada cumple una función importante dentro de la corriente principal y que seguirá cumpliéndolo.

En un principio abordé la alimentación crudívora desde un punto de vista terapéutico y luego empecé a incorporar más platos crudos elaborados. Pero incluso mientras consumía comida cruda elaborada, la base de mi estilo de vida seguía siendo depurar, ayunar e incorporar grandes cantidades de verduras y batidos verdes. La comida elaborada era un porcentaje muy pequeño de mi dieta; nunca me alimenté exclusivamente de patés, pizzas y burritos. La ensalada fue siempre, y sigue siendo, la base de mi alimentación. Aún tomo un ochenta por ciento de alimentos crudos. El veinte por ciento restante son cereales y legumbres en lugar de alimentos como patés de frutos secos.

Cuando viajo por el mundo y enseño o preparo comida en otros países, observo lo que sus habitantes suelen comer a diario y qué alimentos les reportan mayores beneficios. He llegado a la conclusión de que la dieta más sana es la que se basa en alimentos integrales y vegetales, ya sean cocinados o crudos. Es preferible la alimentación principalmente crudívora, pero depende de la estación del año, del tiempo y de la disponibilidad de verduras verdes y de hortalizas frescas.

Lo que ha sido constante en mi alimentación es que empecé siendo vegano y he seguido siéndolo. En este aspecto solo puedo hablar por mí, pero creo que es mejor reducir al mínimo el consumo de productos animales y hacer de los platos de verdura el centro de la alimentación. He visto a muchos hacer esta transición y volverse más sanos, incluso curar algunas de sus enfermedades.

Por supuesto, se puede comer de forma insana con casi cualquier tipo de dieta. Algunas clases de alimentos cocinados son más beneficiosos que algunos alimentos crudos. Cuando me uní a Whole Foods Market, me hice un análisis de sangre, algo que nunca había hecho. Hace algunos años ingería mucha comida cruda elaborada, pero llevaba quince años sin comer colesterol animal. ¡Y tenía el colesterol alto! El resultado me asustó. Mis triglicéridos estaban disparados. Después de aquel examen, seguí una dieta de productos cien por cien integrales, sin alimentos fraccionados, nada de agave, jarabe de sirope, aceite de coco ni aceite de oliva. Me centré en las verduras verdes, las legumbres y los cereales. A los cuatro meses el colesterol había bajado casi cien puntos y lo mismo sucedió con los triglicéridos. Ahora están por debajo de lo normal, lo cual es perfecto. Siguiendo una alimentación crudívora típica con algunos platos elaborados, los resultados de mis analíticas mostraban un riesgo alto, incluso para la media de los Estados Unidos. Esto me parecía una locura, pero me hizo poner los pies en la tierra, porque hasta entonces había creído que estaba sano. Por eso pienso que es importante hacerse esa prueba. La gran mayoría de los crudívoros cree estar sana porque come alimentos elaborados a base de verduras, semillas y frutos secos crudos, pero una alimentación con un alto contenido en grasas y azúcar puede elevar el colesterol.

Ahora me encantan las legumbres. Como una media de dos tazas al día, mezclando diversas clases. También tomo tofu quizá una vez a la semana, pero no mucha soja. Empleo toda clase de legumbres y cereales ancestrales, de una manera creativa, trabajando con alimentos cien por cien integrales, sin emplear ningún producto procesado, ni siquiera mantequilla de coco, o agave. Sigo consumiendo algo de frutos secos y semillas, y gran cantidad de aguacates, aceitunas, coco fresco y otras grasas integrales, pero casi nunca tomo aceites. Cuando preparo ensaladas, en lugar de aceite uso aguacate. Alrededor del 20 por ciento de mi alimentación consiste en legumbres, verduras y cereales cocinados, y como verduras crudas y al vapor. Ni en casa ni en el trabajo cocino ya con aceite, y mi colesterol sigue estando bajo. Me siento agradecido por esta senda de salud totalmente nueva. Me hace estar en sintonía conmigo mismo y, con la ciencia y la investigación, tengo el convencimiento de que es la apropiada.

Me alegra que con este libro podamos ofrecerte opciones más sanas a través de comidas deliciosas. Tu alimentación puede ser rica en omega y a la vez reconfortante. Creo que la información sobre el aceite y los frutos secos será probablemente la parte más controvertida, y eso me entusiasma. Va a ser bastante impactante para nuestros lectores comprobar que tres conocidos especialistas en alimentación crudívora han escrito un libro que incluye algo de comida cocinada. Pero creo que la gente necesita oír lo que hemos descubierto a través de nuestras experiencias personales. A pesar de todas las recetas, artículos y libros que hemos producido a lo largo de los años, nuestros seguidores podrán comprobar que, lo mismo que cualquiera, seguimos aprendiendo, que estamos tratando de descubrir la alimentación más sana para nuestros cuerpos y de comunicar nuestras conclusiones.

Es importante compartir esto para que otros no repitan nuestros errores. La gente tiene que saber que solo por el hecho de que algo provenga de un alimento vegetal no significa que sea sano. Necesita este conocimiento para no desviarse por la senda equivocada, alta en azúcar y en grasa. Me alegro de poner mi grano de arena en este cambio de paradigma. En último término el problema no consiste en cocinar esto y comer crudo aquello, sino en los alimentos fraccionados. No son alimentos auténticos; no están íntegros, no están intactos. El cuerpo no puede reconocerlos. Todos los aceites contienen de 120 a 140 calorías por cucharada. Cuando era totalmente crudívoro, le añadía cuatro o cinco cucharadas de aceite a la ensalada, y eso no es sano. Lo mismo ocurre cuando se come cerca de medio kilo, y a veces casi un kilo, de frutos secos al día. Por eso espero que este libro cambie la manera de pensar de los lectores y cree controversia, algo muy positivo.

Invito a todos mis lectores a evaluar lo que están comiendo. Los alimentos integrales son los verdaderos alimentos. Mira el programa de Whole Foods Market llamado «Health Starts Here». Soy el coordinador de este programa de educación global en los almacenes para orientar a los clientes a elegir las opciones más saludables para su alimentación en Whole Foods. Esto es lo que tratamos de comunicar por medio de materiales y programas educativos. Busca el logotipo «Health Starts Here» en el Whole Foods más cercano, o ve a www.wholefoodsmarket.com. Para más información puedes visitar también mi página web, www.rawchef.com.

SEGUNDA PARTE

Recetas

.

ENTRANTES, APERITIVOS Y CANAPÉS

FALAFEL DE NUECES CON TABULI A LA MENTA Y TZATZIKI DE CÁÑAMO

CRUDO

- 3 tazas de nueces, puestas en remojo durante un par de horas al menos
- 3 dátiles, sin huesos y puestos en remojo durante 2 horas
- ¾ taza de semillas de sésamo, finamente molidas
- ½ taza de perejil, picado
- ½ taza de cilantro, picado
- ½ cucharada de ajo, picado
- 3 cucharadas de orégano fresco, picado
- 2 cucharadas de zumo de limón
- ¼ de cucharadita de pimienta negra
- 2 cucharaditas de sal marina

En un extractor de zumos Champion o en cualquier otro extractor con una placa sólida, tritura las nueces y los dátiles.

Mezcla los restantes ingredientes a mano. Cuando estén mezclados uniformemente, haz bolitas con la mezcla, aplástalas luego y forma círculos del tamaño de una moneda de medio dólar (unos 3 cm), déjalos que se deshidraten durante 4-6 horas u hornéalos a 200° durante 40 minutos. Sirve con tabuli fresco a la menta y tzatziki (ver a continuación).

Tabuli fresco a la menta

- 1 taza de tomate, en trocitos
- ½ taza de pepino, en trocitos
- 3 tazas de perejil, picado grueso
- ½ taza de chirivía, amasada hasta alcanzar aproximadamente la consistencia del arroz
- 3 dientes de ajo, picado
- 3 cucharadas de menta chifonada (para chifonar, junta las hojas, unas sobre otras, y enróllalas fuertemente formando un cilindro. Corta diagonalmente el cilindro de hojas en tiras finas)
- 3 cucharadas de zumo de limón
- 2 cucharadas de ralladura de limón
- 3 cucharadas de aceite de linaza
- ½ cucharada de sal marina

En un bol, combina todos los ingredientes. Antes de servir, déjalo reposar, a ser posible durante 1 hora, para que se mezclen los sabores.

Tzatziki de cáñamo

- 1 taza de semillas de cáñamo con cáscara
- 3 cucharadas de zumo de limón

- 2 cucharadas de aceite de cáñamo
- ½ cucharadita de sal marina
- 2 dientes de ajo
- 3 cucharadas de agua
- 2 cucharadas de eneldo
- 1 cucharada de cebolleta, picada
- 1 taza de pepino, sin semillas y en trozos pequeños

En una licuadora de alta velocidad, mezcla las semillas de cáñamo, el zumo de limón, el aceite de cáñamo, la sal marina, el ajo y el agua hasta que la mezcla quede uniforme. Añade el eneldo, la cebolleta y el pepino antes de servir.

⌒Chad

CROSTINI DE CÁÑAMO CRUDO

CRUDO

- 3 peras maduras o manzanas dulces, peladas y picadas
- 1 ½ cucharada de mantequilla de nueces o mantequilla de cáñamo
- 3 cucharadas de semillas de cáñamo con cáscara
- 2 cucharadas de pasta de dátiles o jarabe de arce
- 1 cucharadita de sal marina
- 2 cucharadas de cebolla en polvo
- 1 cucharada de cebolla en escamas
- 2 cucharadas de semillas de alcaravea (a ser posible ligeramente tostadas)
- 1 taza de harina de linaza molida gruesamente
- ½ taza de mezcla de harina seca de coco y de almendra

En un procesador de alimentos, mezcla la manzana o la pera, la mantequilla de nueces y las especias hasta alcanzar una consistencia uniforme. Añade la mezcla de linaza molida y harina de coco y almendra cucharada a cucharada sin dejar de mover la masa hasta formar una bola.

Cuando puedas amasar la mezcla a mano hasta formar una bola que no se pegue, deja de añadir harina. Enrolla la masa formando una pequeña barra y córtala en rebanadas finas. Coloca los trozos de pan de cáñamo en una rejilla deshidratadora y deshidrata a 110° entre una y tres horas, o hasta alcanzar la textura deseada. El pan se conservará en el frigorífico durante 1 semana; si se deshidrata por completo durante unas 8 horas, aguantará un mes.

Nota: la harina de coco se elabora moliendo el coco seco y rallado en una licuadora de alta velocidad durante 10-20 segundos y luego pasándola por un cedazo fino o por un tamiz para harina. La harina de coco le añade una ligera dulzura al pan. La de almendra se prepara deshidratando la pulpa que queda al hacer leche de almendra. Una vez seca, usa una licuadora de alta velocidad para molerla hasta conseguir una mezcla uniforme.

⌒Chad

CREMA DE SUCEDÁNEO DE QUESO

CRUDO

- 2 tazas de semillas de cáñamo o nueces
- 1 diente de ajo
- 1-2 cucharadas de zumo de limón
- 1 ½ cucharada de pasta de miso tierno blanco

- ¼ de taza de agua para mezclar
- 1-3 cucharaditas de cebolla en polvo
- 2 cucharadas de escamas de levadura de cerveza
- 1 zanahoria o 1 pimiento dulce rojo, picado

Si estás usando nueces, ponlas a remojo durante 12 horas y escúrrelas bien. Mezcla todos los ingredientes hasta que la mezcla esté uniforme y cremosa. Quizá necesites añadir más agua para conseguir que quede homogénea. Para distribuirla mejor, coloca la crema de sucedáneo de queso en una bolsa de almacenamiento de un litro y hazle un pequeño agujero en una esquina.

Extrae todo el aire y sella la parte superior, luego aprieta la mezcla para que salga por la esquina y viértela sobre las galletas saladas y las verduras.

Para 4 raciones

⁓*Elaina*

SALSA DE VALYA

CRUDO

- 4 tomates grandes, troceados
- ½ manojo de cilantro, troceado
- 1 pimiento dulce rojo, finamente troceado
- ½ manojo de cebollas verdes, troceadas
- 1 chile jalapeño, picado en dados
- ½ cucharadita de sal
- Zumo de ½ limón

Mezcla todos los ingredientes y sírvelos en galletas saladas o verduras.

⁓*Valya*

CEBOLLAS ENCURTIDAS MERLOT

CRUDO

- 2 cebollas rojas, peladas y cortadas con mandolina en láminas tan finas como el papel
- ½ taza de vinagre de vino tinto o merlot
- 3 cucharadas de agave
- 1 cucharada de aceite de linaza
- Una pizca de sal marina

Remueve bien los ingredientes y amásalos. Aparta la mezcla para que se macere al menos unas cuantas horas, o toda la noche. Enfríala en un recipiente.

⌒Chad

VERDURITAS MARINADAS, ACEITUNAS AL CÍTRICO FRESCO, AJO ENCURTIDO Y PIMIENTOS DULCES

CRUDO

Verduritas marinadas
- Zanahorias pequeñas enteras
- Calabacín pequeño o calabaza bonetera
- Remolacha pequeña pelada y cortada en cuartos

Si no hay verduras pequeñas, sencillamente sustitúyelas por otras verduras y córtalas hasta el tamaño deseado.

Marinada italiana
- ½ taza de aceite de linaza
- ¾ de taza de vinagre de sidra de manzana
- ½ taza de zumo de limón
- ¼ de taza de jarabe de arce

- 6 dientes de ajo, finamente picados
- 2 chalotes pequeños, finamente picados
- 2 cucharadas de orégano fresco, en trocitos
- 1 ½ cucharada de tomillo fresco, picado
- 1 jalapeño rojo o chile serrano, sin semillas y picado finamente (opcional)
- 1 ½ cucharada de sal marina fina
- ½ cucharada de pimienta negra molida

Mezcla bien todos los ingredientes. Coloca las verduras de tu elección en un gran recipiente hermético y vierte la marinada sobre ellas.

Cierra el recipiente y colócalo en el refrigerador durante una noche para que el contenido se macere. Una vez macerado, escurrir y servir. Puedes usar los restos de la marinada como aderezo para ensalada.

Aceitunas al cítrico fresco

- 2 tazas de aceitunas sicilianas verdes grandes enteras
- 1 cucharada de cáscara de naranja finamente rallada finamente
- 2 dientes de ajo, finamente picado
- 2 cucharadas de hojas de orégano, troceadas gruesamente
- ½ cucharada de escamas de chile seco
- El zumo de ½ limón

En un pequeño bol, remueve los ingredientes mezclándolos bien. Sirve con aperitivos. Las aceitunas saben mejor si se dejan macerar durante toda la noche. Pueden conservarse durante más de 2 semanas en el frigorífico.

Ajo encurtido y pimientos dulces

- 2 pimientos rojos, sin el centro y cortados en rodajas o en dados de aproximadamente 0,5 cm
- 2 pimientos amarillos, sin el centro, y cortados en dados de aproximadamente 0,5 cm o en juliana
- Un pequeño puñado de dientes de ajo, picados en trozos grandes
- 1 ½ cucharada de una mezcla de granos de pimienta
- 4 hojas de laurel, secas o frescas
- 1 guindilla seca
- 2 ramilletes de orégano fresco
- 1 cucharada de semillas de eneldo
- 1 cucharada de sal marina fina
- 3 tazas de vinagre de sidra de manzana
- 1 taza de agua

Reserva los pimientos en rodajas o dados y el ajo picado gruesamente. En un frasco de conservas de un litro, mezcla todas las especias y hierbas, excepto la sal marina, y añade los pimientos y el ajo. Cubre los pimientos con sal marina. Sigue vertiendo vinagre de manzana hasta que el frasco esté dos tercios lleno. Llena el espacio que quede en el frasco con agua. Cierra herméticamente. Agita el frasco y déjalo en un lugar oscuro para encurtir durante al menos 48 horas, es mejor durante una semana, y una vez encurtido se mantendrá en el frigorífico durante un mes.

⌒Chad

ROLLITOS DE AGUACATE CON NORI

Los rollitos con nori son una comida para llevar. El aguacate es una grasa totalmente cruda que ayuda a mantener la piel y el pelo suaves y a eliminar las grasas tóxicas acumuladas en el cuerpo. El alga nori tiene un elevadísimo contenido en proteínas (cuarenta y ocho por ciento), y es muy fácil de digerir y extraordinariamente rica en minerales.

Sushi

CRUDO

- 2 láminas de nori crudo o tostado para sushi
- 1 gran hoja de lechuga romana, cortada por la mitad a lo largo de la parte blanca
- 1 aguacate pelado y cortado en rodajas
- ½ pimiento dulce rojo, amarillo o naranja, cortado en juliana
- ½ pepino, pelado, sin semillas y cortado en juliana
- ½ taza de col fermentada cruda
- ½ zanahoria, remolacha o calabacín, rallado
- 1 taza de alfalfa o de tu germinado verde favorito (girasol, trigo sarraceno, etc.)
- 1 pequeño bol de agua para sellar el rollo

Pasta de miso picante

- 4 cucharadas de miso tierno blanco sin pasteurizar
- 1 cucharada de aceite de sésamo
- ¼ de cucharadita de cayena o al gusto

Mezcla los ingredientes del miso picante con un tenedor. Coloca una lámina de nori sobre una tablilla para enrollar el sushi o sobre un paño, recubriéndolo con la parte final de la tablilla más cercana de ti. Coloca la hoja de romana al lado del nori, con la parte blanca más cerca de ti. Unta una o dos cucharadas de pasta de miso picante en la romana. Cubre la hoja con los ingredientes en el orden en que aparecen en el listado, colocando los brotes germinados por último. Enrolla la lámina de nori alejándola de ti, remetiendo los ingredientes con los dedos conforme lo haces. Sella el rollo con agua o pasta de miso picante y divídelo en seis partes.

Da para 12 rollitos nori

Elaina

ENSALADAS

ENSALADA CÉSAR

CRUDO

- 1 lechuga romana entera, picada
- 1 pepino, pelado y cortado en dados
- 1 tomate, picado
- 4 chalotes, cortados en rodajas finas
- 15 aceitunas negras, deshuesadas

Aderezo

- ½ taza de aceite de linaza o de cáñamo
- 2 cucharadas de zumo de limón
- ¼-½ taza de agua (empieza con ¼ de taza y añade más si lo necesitas)
- 2 dátiles grandes o 1 cucharada de endulzante Erythritol sin azúcar
- 1 cucharada de pasta de miso tierno blanco

- 3 dientes de ajo medianos, triturados
- 1 ½ cucharadita de mostaza de Dijon
- 2 cucharaditas de escamas de dulse[5]
- ¼ de cucharadita de sal marina

Mezcla todos los ingredientes en una licuadora, o a mano, asegurándote de que queda una mezcla uniforme. Guarda en el frigorífico en un frasco de conservas hasta un máximo de 2 semanas. Mezcla con la ensalada.

Nota: pruébalo con guisantes liofilizados.

⌒Elaina

ENSALADA PÚRPURA

CRUDO

- ¼ de col roja, cortada en rodajas finas
- 1 zanahoria rallada
- 1 manzana fuji rallada
- 4 tallos de apio, troceados
- 450 g (aproximadamente) de moras
- 1 aguacate, majado
- Zumo de 1 limón
- 1 cucharada de linaza, picada
- 1 cucharada de escamas de dulse

Mezcla en un bol grande todos los ingredientes excepto las escamas de dulse y la linaza. Espolvorea por encima las escamas de dulse y la linaza recién molida y sirve.

2 porciones

⌒Victoria

TRÍO DE COLES CON CÁÑAMO, AGUACATE Y CILANTRO

CRUDO

- 2 tazas de col napa finamente desmenuzada
- 2 tazas de col roja finamente desmenuzada
- 2 tazas de col verde o col savoy finamente desmenuzada
- ¼ de pimientos rojos y amarillos en dados
- 3 cucharadas de aceite de cáñamo
- 3 cucharadas de zumo de limón
- 3 cucharadas de cebolla verde en dados
- 3 cucharadas de hojas de cilantro
- 1 cucharada de sal marina
- 2 aguacates, en dados
- ¼ de semillas de cáñamo descascarilladas (a ser posible ligeramente tostadas)

En un cuenco grande, mezcla todos los ingredientes excepto las semillas de cáñamo y el aguacate. Mientras los mezclas, apriétalos con las manos para ablandar un poco la col. Añade el aguacate en la ensalada mezclándolo con suavidad y adereza con las semillas de cáñamo. Sirve inmediatamente. Una variante es añadir hierbas frescas picadas o las verduras que prefieras troceadas en dados.

También resulta delicioso si sustituyes la col por col rizada, acelgas o espinacas.

Nota: mezclar justo antes de servir para que la textura se mantenga firme.

4-6 porciones

⌒*Chad*

HINOJO, MANZANA Y RÚCULA CON BROTES DE GIRASOL Y VINAGRETA DE MANDARINA

CRUDO

- 2-3 tazas de bulbos de hinojo, cortados en láminas finas como el papel, preferiblemente usando una mandolina
- 1 taza de brotes de girasol
- 1 taza de rúcula pequeña
- Unas gotas de vinagreta de mandarina (ver página 79)
- 2 peras o manzanas, cortadas en láminas finas como el papel, preferiblemente usando una mandolina
- ½ taza de pulpa de pistacho seco ligeramente tostado
- Cebollas encurtidas merlot (ver página 62)

En un pequeño bol, mezcla suavemente las láminas de hinojo, los brotes de girasol y la rúcula con la vinagreta de mandarina. Antes de servir, adereza la ensalada con unas rodajas finas de pera o manzana, pistachos tostados y cebollas encurtidas.

4-6 porciones

⌐Chad

ENSALADA DE ACELGAS Y COL RIZADA MARINADAS

CRUDO

Una ensalada tierna y deliciosa que ha cautivado a muchos escépticos. Si no te entusiasma la idea de comer la col rizada cruda, esta es una buena manera de probarla. Sabe mejor de lo que te imaginas, ¡y está repleta de calcio!

Ensalada

- 1 manojo de col rizada fresca (dinosaurio, rizada verde o púrpura, o púrpura de hojas lisas)

- 1 manojo de acelgas suizas (sin el tallo)
- 1 cebolla roja mediana, cortada en rodajas muy finas
- 2 dientes de ajo, triturados (opcional)
- 2 aguacates medianos, en dados
- 1 calabacín o calabaza de verano medianos, cortados en juliana, o 10 setas shiitake, en rodajas finas
- Una pizca de jalapeño seco o pimienta de cayena

Marinada

- ¾ de taza de aceite de linaza
- ½ taza de zumo de limón
- 1 cucharadita de sal marina

Elimina los troncos de la col rizada y de la acelga y trocea las hojas en trozos del tamaño de un bocado. Vierte la marinada sobre las hojas y mézclala con ellas, apretando bien las hojas con las manos para que se vuelvan suaves y tiernas. Añade el resto de los ingredientes de la ensalada y mézclalos bien. Luego permite que la ensalada se marine durante una hora o más.

Nota: cuanto más tiempo dejes que se marinen las verduras, más se ablandarán. Si quieres preparar esta ensalada de antemano, se conserva hasta 5 días en el frigorífico cerrada herméticamente; sin embargo, no debes añadir el aguacate hasta el momento de servirla. Para obtener un aderezo cremoso, pon los ingredientes de la marinada y un aguacate en la licuadora y tritúralos. Para darle más variedad, añade un trozo de jengibre a la licuadora.

4 porciones

⁓Elaina

ENSALADA DE RÚCULA

PARCIALMENTE COCINADO

- 1 manojo de rúcula fresca
- ½ taza de aceitunas deshuesadas
- ½ taza de encurtidos en rodajas
- ½ taza de salsa fresca (comprada o hecha en casa)
- 1 paquete de guisantes congelados

Lava la rúcula en un gran recipiente con agua para que toda la suciedad quede en el fondo del recipiente y no termine en tu ensalada. Pica la rúcula y colócala en una ensaladera. Añade las aceitunas, los encurtidos y la salsa. Pon los guisantes congelados en una olla y llénala de agua. Lleva los guisantes a un hervor; luego, inmediatamente, escurre el agua y mezcla los guisantes con el resto de los ingredientes.

3 porciones

⌒Valya

HOJAS VERDES CON CHALOTES CARAMELIZADOS, NUECES GARRAPIÑADAS Y VINAGRETA DE FRAMBUESA

CRUDO

- 5 tazas de hojas verdes variadas
- ¼ de taza de las hierbas mezcladas que prefieras picadas, como perejil, eneldo o albahaca
- 85 g (o la cantidad que desees) de vinagreta de frambuesa
- 3 cucharadas de chalotes caramelizados

Mezcla bien en un bol todos los ingredientes excepto las nueces garrapiñadas. Esparce las nueces como aderezo, y sirve.

Vinagreta de frambuesa

- 1 taza de frambuesas
- ¼ de taza de vinagre de sidra de manzana
- 3 cucharadas de aceite de linaza
- 2 dientes de ajo
- 2 cucharadas de jengibre
- 1 cucharada de raspadura de naranja
- 1 cucharadita de sal marina
- 2 cucharadas de miel o de jarabe de arce

En una licuadora de gran velocidad, mezcla bien todos los ingredientes. El aderezo dura hasta una semana en el frigorífico.

Chalotes caramelizados

- 1 taza de chalotes o de cebollas rojas, cortados en láminas finas como el papel con una mandolina
- 3 dientes de ajo picado
- 3 cucharadas de aceite de linaza
- 3 cucharadas de salsa de soja Nama Shoyu
- 3 cucharadas de pasta de dátil (dátiles sin semilla triturados y mezclados con agua hasta alcanzar una consistencia como la de la miel)

Mezcla bien todos los ingredientes en un bol, recubriendo por completo las cebollas con la marinada. Déjalo reposar durante al menos una hora. Para mejores resultados, deja que la mezcla se macere durante toda la noche. Escurre el exceso de líquido, coloca las cebollas sobre una lámina no adherente y déjalas deshidratar durante 1 hora hasta que estén a temperatura ambiente. Sírvelas como aderezo de ensaladas.

Nueces (o cualquier otro fruto seco o semilla) garrapiñadas

- 2 tazas de nueces, en remojo durante dos horas
- ½ taza de azúcar de arce
- 3 cucharadas de ralladura de naranja
- Una pizca de cayena
- ½ cucharadita de sal marina

Mezcla bien todos los ingredientes y deshidrata durante 12 horas hasta que estén crujientes. Separa la mezcla en trozos y congélalos para que sigan estando crujientes.

4-6 porciones

∽Chad

ENSALADA DE REMOLACHA

CRUDO

Ralla las siguientes verduras:
- 1 remolacha grande
- 1 zanahoria grande
- 1 pepino grande
- 1 manzana fuji grande

Añade lo siguiente:
- Zumo de 1 limón
- ½ aguacate pequeño hass, triturado
- 1 taza de espinacas, cortadas en finas tiras
- 2 ramilletes de albahaca, picados

Espolvorea 2 cucharadas de semillas de girasol rehogadas.

2 porciones

∽Victoria

ENSALADAS

ENSALADA ADELGAZANTE DE BATATA

PARCIALMENTE COCINADO

- 1 batata, al vapor
- 2 tazas de apio picado finamente
- 5 tomates cherry, en cuartos
- ¼ de cucharadita de sal
- 2 dientes de ajo fresco, picado
- ¼ de cucharadita de pimienta de cayena

Tritura la batata con un tenedor. Añade los restantes ingredientes, mézclalos bien y sírvela.

2 porciones ⌒*Valya*

ENSALADA DE BROTES

CRUDO

- 2 tazas de brotes de girasol
- 2 tazas de brotes de trigo sarraceno
- 2 tazas de verduras verdes pequeñas
- 2 cebollas verdes, picadas
- ¼ de cucharadita de sal
- 1 cucharadita de aceite de linaza
- 3 cucharadas de levadura de cerveza

Mezcla bien los ingredientes en un bol grande.

2 porciones ⌒*Valya*

ENSALADA JUSTA

CRUDO

- 5 tazas de verduras pequeñas picadas
- 1 zanahoria rallada

- 1 tomate, picado
- 4 rábanos en rodajas
- 1 pepino, picado
- 3 cebollas verdes, picadas
- ½ manojo de eneldo fresco, picado
- ¼ de de cucharadita de sal
- 4 cucharadas de levadura de cerveza
- 3 cucharadas de salsa
- ½ taza de aceitunas sin hueso

Mezclar todos los ingredientes en un bol grande y servir.
3 porciones

⌒Valya

ENSALADA DE PIMIENTO DULCE

CRUDO

- 4 pimientos dulces rojos, picados
- 2 cucharadas de levadura de cerveza
- ¼ de cucharadita de sal
- ¼ de manojo de cilantro, picado
- 2 cebollas verdes picadas
- 1 cucharadita de aceite de linaza (opcional)

Mezcla todos los ingredientes en un bol grande y sirve.
2 porciones

⌒Valya

ENSALADA DE QUINOA

PARCIALMENTE COCINADO

- 1 taza de quinoa cocida
- 1 paquete de maíz orgánico congelado y hervido

- 1 calabacín al vapor, en rodajas
- 1 zanahoria, rallada
- ½ manojo de cilantro, picado
- ¼ de manojo de albahaca, picada
- 1 tomate mediano, picado
- 2 dientes de ajo fresco, picado finamente
- 2 cebollas verdes, picadas
- ½ cucharadita de sal
- 2 cucharadas de levadura de cerveza

Mezcla todos los ingredientes en un gran bol y sirve.

3 porciones

∽*Valya*

ENSALADA DE TALLARINES CON ADEREZO DULCE DE JENGIBRE Y MISO

CRUDO

Aderezo
- ½ taza de aceite de linaza o de semillas de cáñamo
- 1 cucharadita de aceite de sésamo tostado (opcional)
- 1 diente de ajo
- 1 cucharada de jengibre fresco rallado
- 1 cucharada de vinagre de sidra de manzana o 2 cucharadas de zumo de limón
- ¼ de taza de miel cruda o de jarabe de arce (o del endulzante sin azúcar Erythritol)
- 2 cucharadas de miso tierno blanco
- 2 cucharaditas de tamari sin trigo
- Una pizca de cayena
- ¼ de taza de agua

Ensalada

- 3 tallos de brócoli, pelados y cortados en espiral
- 2 zanahorias grandes, peladas y cortadas en espiral
- 2 calabacines o 1 pepino inglés, cortado en espiral

Coloca los ingredientes del aderezo en una licuadora y licúalos hasta lograr una mezcla uniforme. Coloca las verduras en espiral en un bol mediano. Justo antes de servir, añade el aderezo a las verduras y mézclalo bien. Sirve inmediatamente.

4 porciones

⌒Elaina

ADEREZOS

VINAGRETA DE MANDARINA

CRUDO

- ½ taza de vinagre de moscatel o vinagre de vino blanco
- ¼ de aceite de linaza
- 2 cucharadas de jarabe de arce
- 3 gajos de mandarina, en dados
- 2 cucharadas de cebolleta finamente picada
- 2 cucharadas de menta finamente picada
- 2 cucharadas de ralladura de naranja
- ¼ de cucharadita de pimienta negra

Mezcla bien los ingredientes.

⌒Chad

MAYONESA FRESCA VEGANA

CRUDO

- 1 ½ taza de semillas de cáñamo
- ¾-1 taza de agua

- 1 cucharadita de mostaza
- 1 cucharadita de sal marina
- 6 cucharadas de zumo de limón o 3 cucharadas de vinagre de sidra de manzana
- 2 cucharadas de miel cruda u otro endulzante
- 1 ½ taza de pasta de musgo irlandés
- Una pizca de pimienta de cayena
- 1 diente de ajo, triturado (opcional)
- 1 ½ taza de aceite de cáñamo, linaza o nueces

Coloca todos los ingredientes excepto el aceite en una licuadora y licúalo hasta que quede cremoso. Luego añade el aceite y vuelve a licuar hasta que esté bien incorporado. Guarda en un recipiente de cristal. Se mantiene hasta 2 semanas en el frigorífico.

6 tazas

Pasta de musgo irlandés

El musgo irlandés es un alga beneficiosa para la salud que puede usarse como sustituto del aceite libre de grasas (prueba a reemplazar el aceite de un recipiente con esto). Es un estupendo espesante para postres como pasteles y tartas, y también para batidos. En este libro aparece en las recetas de bizcochos de chocolate y nueces, galletas y pasteles.

Prueba a añadir una cucharada a tu leche de frutos secos o semillas para enriquecerla.

CRUDO

- 1 taza de musgo irlandés remojado (una ½ taza antes de poner en remojo)
- ½ taza de agua purificada

Lava bien el musgo con agua. Cúbrelo de agua en un gran recipiente o bol, y déjalo en remojo en la encimera durante 3 horas o durante toda la noche, escúrrelo bien después. El musgo aumentará de tamaño y se volverá más claro cuanto más tiempo esté en remojo. Enjuágalo muy bien para eliminar la sal marina y las impurezas.

Mézclalo con agua purificada y licúalo a gran velocidad hasta que quede una mezcla uniforme. La pasta durará hasta 10 días en un recipiente de cristal dentro del frigorífico.

Puedes guardar el musgo remojado sin licuar, sacándolo del agua y colocándolo en un recipiente hermético, durante 2 semanas o más. El musgo dobla o triplica su tamaño al ponerlo en remojo.

Elaina

ADEREZO DE TOMATE Y ENELDO

CRUDO

- 1 taza de tomate picado
- ¼ de taza de aceite de semilla de cáñamo o de oliva
- 1 diente de ajo
- 2 cucharaditas de zumo de limón
- ⅓ de cucharadita de sal marina
- ¼ de cucharadita de tomillo

- 1 cucharada de eneldo seco o 5 cucharadas de eneldo fresco picado

Licuar hasta que quede una mezcla homogénea.
2 tazas

⌒Elaina

ADEREZO DEL RANCHO

CRUDO

- 1 taza de semillas de cáñamo o nueces
- 4 cucharaditas de zumo de limón o 2 ½ cucharaditas de vinagre de sidra de manzana
- 1 cucharadita de sal marina
- 1 cucharadita de cebolla en polvo
- 1 cucharadita de ajo en polvo
- ¾ de taza de agua

Remueve hasta conseguir una mezcla uniforme antes de añadir:
- 1 cucharadita de eneldo seco
- 2 cucharaditas de aderezo italiano
2 tazas

⌒Elaina

ADEREZO DE PIMIENTO DULCE ROJO

CRUDO

- 1 pimiento rojo dulce grande
- ½ taza de zanahoria picada
- 1 cucharada de jengibre rallado o un trozo de poco más de 1 cm

- 1 diente de ajo
- 5 dátiles pequeños (para una versión baja en azúcar de este aderezo, sáltate este paso o añade un par de gotas de estevia)
- Zumo de 1 limón o 2 cucharaditas de vinagre de sidra de manzana crudo
- 1 cucharadita de sal marina (Celtic) o 1 cucharada de tamari
- ½ taza de aceite de linaza o de semilla de cáñamo
- ¼ de cucharadita de kelp[6] en polvo (opcional)

Pon todos los ingredientes en una licuadora y licua hasta que la mezcla quede uniforme. Quizá necesites añadir una pequeña cantidad de agua.

2 tazas

∿Elaina

SOPAS

SOPA VERDE PICANTE

- 3 tazas de ortigas (para evitar pincharte durante la preparación, usa guantes o una bolsa de plástico)
- 1 taza de mizuna
- 3 tallos de apio, picado
- 1 manojo de cilantro
- 2 tazas de hojas de mostaza
- 2 pimientos dulces rojos, picados
- 1 aguacate, pelado y sin semillas
- Zumo de 2 limones
- ½ jalapeño
- 4 tazas de agua

Mezclar bien todos los ingredientes en la licuadora. Servir con dulse o con otras algas.

3 porciones

∽*Victoria*

SOPA DE CALABAZA MOSCADA

COCINADO

- 1 cebolla amarilla mediana, pelada y picada
- 2 dientes de ajo, picados
- 2 cucharaditas de aceite de coco
- 4 tallos de apio, picado
- 6 tazas de agua (aproximadamente)
- 1 calabaza moscada mediana, pelada y troceada
- 1 cabeza de brócoli con el tallo pelado, picada
- 1 pimiento dulce rojo, picado (opcional)
- 1-2 cucharaditas de curry o comino en polvo
- 2-4 cucharaditas de sal del Himalaya o al gusto
- Pimienta negra al gusto
- Cayena al gusto
- 10 hojas grandes de albahaca
- ½ manojo de cilantro

Rehoga la cebolla y el ajo en una olla grande con aceite de coco. Añade el apio y sigue rehogando hasta que el apio empiece a ablandarse.

Añade el agua, la calabaza moscada y el resto de las verduras y especias, excepto la albahaca y el cilantro frescos. Deja hervir a fuego lento durante 10-15 minutos, luego prueba la calabaza para ver si está tierna.

Cuando esté lo bastante tierna para comerla, la sopa estará lista. Sazona a tu gusto. Saca ½ o dos tercios de la sopa y mézclala con la albahaca y el cilantro hasta formar una crema homogénea. Añade la mezcla a la olla, con el resto de la sopa. Remueve y sirve.

Elaina

SOPA DE HIERBAS SILVESTRES

CRUDO

- 2 tazas de cenizo
- 1 taza de hojas de mostaza
- 1 taza de verdolaga
- 1 aguacate, pelado y sin huesos
- Zumo de 3 limones
- 1 manzana, cortada
- 4 tazas de agua
- 1 cucharada de escamas de dulse

Mezcla bien todos los ingredientes excepto el dulse en una licuadora.

Espolvorea las escamas de dulse y sirve.

4 porciones

⁓Victoria

SOPA DE GUISANTES SENCILLAMENTE DELICIOSA

CRUDO

- 1 bolsa de guisantes congelados, descongelados
- 1 ½ taza de agua caliente
- 1-2 cucharaditas de cebolla en polvo
- 1 cucharadita de sal marina, o al gusto
- 2 cucharaditas de semillas de chía o de cáñamo
- 2 cucharaditas de aceite de linaza (opcional)

Poner en la licuadora y licuar hasta conseguir una mezcla homogénea. Servir inmediatamente.

4 porciones

⁓Elaina

SOPA ITALIANA

CRUDO

- 3 tazas de espinacas
- 3 tallos de apio, picados
- 1 ramita de albahaca
- 1 ramita de tomillo
- 1 pimiento dulce rojo, picado
- 1 aguacate grande, pelado y sin hueso
- 1 pepino, picado
- 1 jalapeño picado
- Zumo de 1 lima
- 2 tazas de agua
- 1 cucharada de escamas de dulse

Mezcla bien todos los ingredientes en una licuadora excepto el dulse. Espolvorea las escamas de dulse y sirve.

3 porciones

⌒Victoria

SOPA DE LLUVIA DE ROMERO

CRUDO

- 3 ramitas de romero
- 2 tallos de apio, picado
- ½ manojo de escarola
- 2 tomates maduros, cortados en trozos grandes
- 1 pepino, picado
- Zumo de 3 limas
- 1 aguacate grande, pelado y sin semilla
- 3 tazas de agua
- 1 cucharada de escamas de dulse

Mezcla bien todos los ingredientes en la licuadora excepto el dulse. Espolvorea las escamas de dulse por encima y sirve.

4 porciones

～Victoria

SOPA CREMOSA DE CILANTRO

CRUDO

El cilantro es una hierba muy fragante, rica en clorofila, y se dice que elimina los metales pesados del cuerpo. Disfruta de esta rica y reconfortante sopa energética.

- 1 calabacín, picado
- 1 manojo grande de cilantro, sin el tallo (unas 2 tazas)
- 1 pimiento dulce rojo, amarillo o naranja, picado
- ½ manzana picada
- 1 aguacate picado, o ¼ de taza de semillas de chía en remojo
- 1 cucharada de tamari o de Bragg Liquid Aminos
- 1 cucharadita de sal marina
- Una pizca de cayena
- ½ cucharadita de comino (opcional)
- 1 cucharadita de cebolla en polvo (opcional)

Licúa todos los ingredientes hasta que quede una mezcla uniforme. Toma la sopa inmediatamente o guarda en un recipiente de vidrio en el frigorífico durante 1 día como máximo.

Ingredientes opcionales: puedes añadirle escamas de dulse, pimiento dulce en dados, maíz fresco recién desgranado, hojas de girasol o lechuga romana picada (agregar a la sopa).

Semillas de chía en remojo

- 4 cucharadas de semillas de chía
- 2 tazas de agua purificada

Coloca las semillas en un recipiente con una capacidad de 2 tazas y vierte agua. Agita, cubre y guarda en el frigorífico, como máximo 1 semana.

⤳Elaina

SOPA DE APIO

CRUDO

- 6 tallos de apio, picado
- 4 tomates maduros, cortados en trozos grandes
- ½ aguacate, pelado y sin hueso
- Zumo de 2 limones
- 4 tazas de agua
- 1 taza de brotes de alfalfa
- 2 cucharadas de escamas de dulse

Mezcla bien todos los ingredientes en una licuadora, excepto el dulse. Sirve con brotes y con escamas de dulse espolvoreados.

4 porciones

⤳Victoria

SOPA DE CHAMPIÑONES Y PATATAS

COCINADO

- 1 ½ taza de patatas, lavadas y en dados
- 6 tazas de agua
- 2 tazas de apio, en dados

- 1 taza de tomates, en dados
- 1 guindilla o 1 cucharadita de pimienta de cayena molida, o al gusto
- 1 taza de champiñones, en dados
- ⅓ de taza de cebolla, picada finamente
- 1 taza de perejil o albahaca, o cualquier otra hierba, en dados
- 1 cucharada de miso
- 1 cucharada de escamas de dulse

Pon las patatas en agua en una olla. Calienta hasta que hierva, luego cuece a fuego medio hasta que estén tiernas, unos 5-10 minutos. Añade el apio, los tomates, el pimiento, los champiñones y la cebolla.

Calienta hasta que hierva. Añade el perejil y aparta inmediatamente del fuego. Agrega el miso y espolvorea escamas de dulse.

6 porciones

Victoria

SOPA DE VERDURAS CON LENTEJAS

COCINADO

- 1 taza de lentejas secas, enjuagadas
- 12 tazas de agua
- 1 patata, pelada y en dados
- 1 zanahoria, en dados
- 2 tazas de apio, en dados
- 1 taza de tomates, en dados
- 1 guindilla o 1 cucharadita de pimienta de cayena molida, o al gusto

- 1 manojo de cebollas verdes, picadas
- 2 tazas de col china, picada
- 1 manojo de cilantro fresco, picado
- 1 cucharada de miso
- 1 cucharada de aceite de linaza
- 1 cucharada de escamas de dulse

Pon en remojo las lentejas en agua toda la noche en 6 tazas de agua. Por la mañana escurre el agua y enjuaga bien las lentejas. Ponlas en una olla.

Añade 6 tazas de agua fresca y caliéntala hasta que hierva, removiendo de vez en cuando. Cubre y deja hervir a fuego lento durante 25-30 minutos, o hasta que las lentejas estén cocidas. Añade la patata y calienta hasta que hierva, luego cocina a fuego medio hasta que esté tierna, unos 5-10 minutos. Agrega la zanahoria, el apio, los tomates, el pimiento y la cebolla, y de nuevo lleva la sopa a un hervor.

Añade la col china y el cilantro y aparta la olla inmediatamente del fuego. Agrega el miso. Sirve con aceite de linaza y escamas de dulse.

6 porciones

Victoria

BORSCHT[7] RÁPIDO

COCINADO

- 1 remolacha, en dados
- 6 tazas de agua
- 1 patata, pelada y en dados
- 2 tazas de col roja, en dados
- 2 tazas de apio, en dados

- 2 tazas de col rizada italiana o berzas, lavada y picada
- 1 guindilla o 1 cucharadita de pimienta de cayena molida, o al gusto
- 3 dientes de ajo, pelados y en dados
- 1 manojo de perejil fresco, picado
- 1 cucharada de miso
- Zumo de medio limón
- 1 cucharada de aceite de linaza
- 1 cucharada de escamas de dulse

Pon las remolachas en el agua y calienta hasta que hierva. Cubre y cuece a fuego lento durante 10 minutos. Añade las patatas y lleva a un hervor, luego cocina a fuego medio hasta que estén tiernas, unos 5-10 minutos.

Añade la col el apio, la col rizada y la guindilla, y de nuevo calienta hasta que hierva. Añade el ajo y el perejil y aparta inmediatamente del fuego.

Agrega el miso y el zumo de limón. Sirve con aceite de linaza y escamas de dulse.

6 porciones

∽*Victoria*

JARDÍN MINESTRONE CON ARROZ SALVAJE Y PESTO DE SALVIA

CRUDO

- ½ taza de tomates desecados al sol, en remojo durante 2 horas
- 3 dientes de ajo
- 2 tazas de agua (preferiblemente el agua en la que se ha remojado el tomate)

- 3 tazas de tomates, picados
- ½ taza de perejil, picado
- 1/3 de taza de albahaca, picada
- 3 tallos de apio, picado
- 1 calabacín, picado
- 1 cucharada de orégano, triturado
- 1 manzana, en dados
- 1 cucharada de sal marina
- ¼ de cucharadita de cayena
- Una pizca de pimienta blanca
- 2 tazas de arroz salvaje, germinado
- 1 taza de setas portobello en dados, marinadas en 2 cucharadas de salsa de soja Nama Shoyu o tamari durante 1 hora o hasta que estén blandas (opcional)

En una batidora Vitamix con velocidades variables, o en un procesador de alimentos, mezcla los tomates desecados, el ajo y una taza de agua, hasta obtener una mezcla homogénea. Añade los ingredientes restantes, excepto el arroz y las setas. Bate sin llegar a licuar del todo, dejando una consistencia ligeramente espesa.

Añade el arroz y bate durante 10-15 segundos. Vierte en una cacerola y añade las portobello marinadas. Sirve caliente con pesto de salvia.

4 porciones

Para ablandar el arroz salvaje

Este método ablanda el arroz y le da un sabor a frutos secos. Pon el arroz salvaje en un recipiente para germinar con una tapa de rejilla para facilitar el proceso y agilizar la limpieza. Remójalo en agua filtrada durante 10-12 horas, a temperatura ambiente. Fíltralo y sigue enjuagándolo dos veces al día durante 2-3 días. Para garantizar que esté bien enjuagado, asegúrate de que el agua quede clara tras escurrirlo. El arroz está bien tras enjuagarlo el primer día, pero se ablandará más si lo tienes en remojo durante dos días más. Puedes usar este arroz en ensaladas, fritos y sopas.

Pesto de salvia

- 1 taza de albahaca fresca, picada
- ¼ de taza de puerros, picados
- 2 cucharadas de salvia fresca, picada
- 3 cucharadas de orégano fresco, picado
- ½ taza de nueces o semillas de cáñamo
- 2 dientes de ajo, picado
- ½ cucharada de sal marina
- 3 cucharadas de levadura de cerveza
- Pimienta partida o molida gruesamente al gusto
- 3 cucharadas de aceite de linaza o de oliva

En un procesador de alimentos, añade todos los ingredientes excepto el aceite.

Tritúralos mientras añades lentamente el aceite a la mezcla. No los tritures por completo ya que este debería ser un pesto «rústico» con algo de textura. Añade una porción a la sopa minestrone antes de servir.

⌒Chad

CALDO DE MISO CON SOBA DE COCO

CRUDO

- 4 tazas de agua de coco
- ¼ de taza de miso de cebada oscura
- 2 cucharadas de tamari o de salsa de soja Nama Shoyu
- 1 cucharada de aceite de sésamo
- 2 dientes de ajo
- 1 ½ cucharada de jengibre, picado
- 1 cucharada de hierba de limón, picada (opcional)
- ⅓ de taza de pulpa de coco, cortada finamente en juliana del tamaño de unos tallarines (si no puedes encontrar coco, utiliza calabacín, pelado y en juliana o en espiral para hacer de «tallarines»)
- 1 zanahoria, cortada en juliana del grosor del papel
- ¼ de guisantes
- ¼ de taza de pimiento dulce rojo, en dados
- 2 cucharadas de cebolleta, en dados
- 2 cucharadas de semillas de sésamo tostadas

En un batidor de alta velocidad, batir el agua de coco, el miso, el tamari, el aceite de sésamo, el ajo, el jengibre y la hierba de limón hasta que quede licuado, luego vierte lentamente la mezcla por el colador de tela fina.

Mezcla con la pulpa de coco, la zanahoria, los guisantes y el pimiento dulce rojo en una olla pequeña y calienta. Sirve esta sopa caliente, asegurándote de que las verduras permanezcan crujientes. Adereza con cebolletas en dados y semillas de sésamo tostadas.

4-6 porciones ⌒*Chad*

SOPA DE GUISANTES PARTIDOS AMARILLOS CON DULSE Y COL RIZADA AHUMADOS

COCINADO

- 3 cucharadas de aceite de oliva
- 1 cebolla blanca, en dados
- 4 dientes de ajo, picados
- 1 ½ taza de guisantes amarillos partidos
- 6 tazas de caldo de verduras bajo en sodio o sin sodio
- ½ taza de alga dulse con toda la hoja (preferiblemente ahumada con madera de manzano) partida en trozos de 2,5 cm
- 2 cucharadas de tomillo fresco, triturado
- 3 cucharadas de perejil, picado
- 3 cucharadas de zumo de limón fresco
- ½ cucharada de sal marina (o más, al gusto)
- ½ taza de levadura de cerveza
- 1 cucharadita de pimienta negra fresca partida
- 2 tazas de col rizada de tu elección, rallada
- Perejil al gusto
- 1 gajo de limón

Añade el aceite a la olla a fuego medio. Cuando esté caliente, agrega la cebolla, rehogándola hasta que quede transparente, y luego añade el ajo. Agrega los guisantes partidos y 5 tazas de caldo de verduras (reserva la otra taza por si hace falta cuando se hayan cocido los guisantes). Hierve a fuego lento y deja cocer durante 12-15 minutos. Incorpora el dulse, el tomillo, el perejil, el zumo de limón, la sal marina, la levadura de cerveza, y la pimienta. Añade la taza restante de caldo de verdura si es necesario añadir agua, y cuece durante 5-8 minutos más. Agrega la col rizada, aparta la sopa del fuego, y tápala. Deja que durante 5-10 minutos la col rizada se haga al vapor con el calor de la sopa. Agitar y servir. Mejor servida con pan integral sin semillas. Aderezar con perejil fresco y un gajo de limón.

4-6 porciones (si no se sirve como plato principal, sobrará)

⌒Chad

PANES, GALLETAS SALADAS Y «FRITOS»

PAN MARRÓN DE NUECES

- 2 ½ tazas de pulpa de nueces (esta es la que obtenemos después de preparar leche de nueces; puedes usar cualquier fruto seco o semilla que tengas a mano)
- ¾ de taza de semillas de chía o de lino molidas
- ⅓ de taza de polvo de algarroba o de cacao (yo prefiero de algarrobo)
- ¾ cucharadita de sal marina
- 2 cucharadas de semillas de alcaravea (más o menos según tu gusto)
- ½ taza de aceite de nueces
- ½ taza de col fermentada (añade más para dar un sabor agrio)

Primero mezcla los ingredientes secos con las manos, luego añade el aceite y la col fermentada y remueve hasta que estén bien mezclados. Extiende la mitad de la masa y colócala entre dos láminas no adherentes de 35 x 35 cm. Usa un rodillo o una botella limpia para aplanar y nivelar la masa. Quita la lámina superior y usa una espátula de repostería para extender la masa hasta los bordes de la lámina y hacerla cuadrada. Divide la masa en 16 cuadrados (aproximadamente 7,5 x 7,5 cm) por bandeja y colócala en una bandeja deshidratadora con su pantalla. (la bandeja no tendrá láminas no adherentes arriba o abajo, solo la pantalla). Deshidrata durante 4 horas a 110°. Sabrás que el pan está listo cuando esté húmedo pero no tenga una consistencia pastosa. Guarda en una bolsa de plástico, o en un recipiente de vidrio en el frigorífico durante 4-5 días, o en el congelador durante 2-4 semanas. Este pan no permanecerá fresco durante mucho tiempo a temperatura ambiente porque no está completamente seco, pero puede aguantar una noche.

24 porciones

༼ *Elaina*

GALLETAS SALADAS DE CILANTRO Y NUECES O SALSA

CRUDO

- 5 tazas de nueces remojadas (2 ½ tazas antes de ponerlas en remojo)
- 1 diente de ajo, triturado
- 1 cucharada de jengibre rallado
- ¼ de taza de hojas de cilantro
- 2 tallos de apio, picados
- 1 cebolla verde, picada
- 1 cucharadita de sal marina
- El zumo de 1 o 2 limones (3-6 cucharadas de zumo)
- 1 taza de semillas de linaza o de chía, molidas hasta hacerlas harina

Tritura en el procesador de alimentos todos los ingredientes excepto la harina de linaza o de chía hasta que formen un puré pero no completamente homogéneo. Añade la harina de linaza. Puedes comerlo como salsa o hacer galletas saladas. Para las galletas saladas; unta la mezcla uniformemente en una bandeja deshidratadora cubierta por una lámina no adherente. Deshidrata a 105° durante 8 horas.

Dale la vuelta a la masa, quítale la lámina no adherente y deshidrata durante otras 12 horas o hasta que esté crujiente. Guarda las galletas en un recipiente de vidrio una vez que se hayan enfriado.

⌒Elaina

GALLETAS OMEGA-3 DE LINO Y ALPISTE

CRUDO

- 1 taza de semillas negras de chía
- 2 tazas de semillas de lino doradas
- 2 tazas de semillas de lino marrones
- 3 tazas de semillas de cáñamo
- 15 tazas de agua
- 2 ½ cucharaditas de sal del Himalaya

Enjuaga bien las semillas, luego mézclalas y ponlas a remojo en un bol grande de agua. Remuévelas tras 1 hora en remojo. No las enjuagues después de haber estado en remojo porque podrías eliminar sus propiedades gelatinosas. Tras 4-8 horas en remojo, añádeles la sal del Himalaya y remueve bien. Extiende 2 ½ tazas de masa en una bandeja deshidratadora recubierta con una lámina no adherente de 7,5 x 7,5 cm. Divide la masa en 25-36 galletas usando una espátula metálica de repostería (Bash N Chop) o una espátula angulada de metal. Deshidrata durante 2 horas a 140°. Baja la temperatura a 105° y sigue deshidratando durante otras 6 horas aproximadamente hasta que la lámina no adherente se desprenda con facilidad.

Dales la vuelta a las galletas, colócalas sobre una pantalla cubierta con una lámina no adherente y desprende la lámina de la parte posterior de las galletas. Sigue deshidratando hasta que estén crujientes (unas 24-36 horas en total). Guarda en un recipiente hermético una vez se hayan enfriado. Se mantendrán durante 3 meses fuera del frigorífico y 6 meses en el frigorífico o congeladas.

⁓Elaina

ANTOJITOS DE CHÍA CRUJIENTES

CRUDO

- 4 tazas de semillas de chía
- 10 tazas de agua
- 2 cucharaditas de sal marina
- 1 pimiento dulce rojo, picado
- 1 calabacín, picado
- 6 tallos de apio, picado
- 2 tomatitos, picados
- 2 cucharaditas de jengibre rallado

En un bol grande vierte agua sobre las semillas de chía y remueve bien. Tras 15 minutos, vuelve a remover para asegurarte de que todas las semillas absorben el agua. Déjalas en remojo 4 horas o durante toda la noche a temperatura ambiente. Las semillas absorberán toda el agua, por eso no hay necesidad de lavarlas o escurrirlas en este momento. Tritura las verduras en un procesador de alimentos hasta formar un puré, dejándolo un poco espeso. Añade todos los ingredientes en el bol de semillas remojadas y mézclalos bien con una cuchara grande. Usando una espátula angulada o una espátula como la Bash N Chop, extiende 3 tazas de masa sobre las bandejas deshidratadoras, que han sido cubiertas con láminas no adherentes.

Deshidrata durante 8 horas, o hasta que veas que los antojitos están listos para darles la vuelta, y quita la lámina. Sigue deshidratando hasta que estén crujientes y completamente secos. Deja enfriar durante 5-10 minutos o hasta que estén fríos. Guarda en un recipiente hermético para preservar la frescura y la textura crujiente.

Tiempo de conservación: congelado o refrigerado: 6 meses. En un lugar oscuro y fresco: 3 meses.

Variaciones: para variar el sabor, añade una combinación de tus hierbas y especias favoritas en cantidades iguales. Para variar los colores y sabores, sustituye por otras verduras como repollo, remolacha, zanahoria, etc. Para otras variaciones, mezcla a mano algunos de los siguientes ingredientes y añádelos a los antojitos de chía crujientes:

- 2 cucharaditas de polvo de curry
- 2 cucharaditas de comino en polvo
- ¼ de taza de tomate en polvo
- 2 dientes de ajo, triturados o molidos
- 1 manojo de cilantro picado

Elaina

«FRITOS» DE COL RIZADA

CRUDO

Los «fritos» de col rizada son como patatas fritas, con todo su sabor y su crujiente textura pero puedes comerlos sin sentirte culpable, ¡ni siquiera tienen aceite! Prueba una col rizada con cualquiera de estas variaciones:

- 1 col rizada grande (o remolacha o berza)

Tomate y eneldo
- 1 taza de tomate, picado
- ¼ de taza de semillas de cáñamo
- 2 cucharaditas de zumo de limón
- ¾ de cucharadita de sal marina
- ¼ de cucharadita de tomillo
- 1 cucharada de eneldo seco o 5 cucharadas de fresco

Rancho
- 1 taza de semillas de cáñamo o nueces
- 4 cucharaditas de zumo de limón o 2 ½ cucharaditas de vinagre de sidra de manzana
- 1 cucharadita de sal marina
- 1 cucharadita de cebolla en polvo
- 1 cucharadita de ajo en polvo
- ½ taza de agua

Tritura los ingredientes del rancho hasta que quede una mezcla homogénea antes de añadir:
- 1 cucharadita de eneldo seco
- 2 cucharaditas de aderezo italiano

Lava una col rizada grande y sécala bien. Tritura todos los ingredientes (excepto la col rizada) hasta conseguir una mezcla uniforme. Usa las hojas y el tallo enteros de la col (o las coronas de remolacha o berza), manteniendo las hojas tan enteras como sea posible. Vierte el aderezo sobre las verduras en un bol y mezcla hasta que queden cubiertas.

Coloca en bandejas deshidratadoras previamente cubiertas por láminas no adherentes y deshidrata durante 4 o más horas a 105°. Quita las láminas y sigue secándolas durante 3 horas más o hasta que la col esté crujiente. Deja enfriar completamente antes de guardarla en un recipiente de vidrio hasta un mes.

Nota: si guardas estos «fritos» en bolsas de plástico selladas, ¡se echarán a perder en 12 horas!

~ *Elaina*

TOSTADAS DE JUDÍAS ROJAS CON CHIPOTLE

PARCIALMENTE COCINADO

- Tortillas de maíz germinado orgánicamente
- 2 tazas de judías rojas con chipotle sin grasa (ver página 116)
- 1 aguacate, cortado finamente
- 2 tomates pequeños, picados
- ¼ de taza de cilantro molido
- ¼ de taza de salsa
- 4 hojas de lechuga romana, cortada finamente

Tuesta las tortillas en una tostadora o en un horno a 250° durante 15 minutos, o hasta que estén doradas y crujientes.

Empieza a rellenar las tortillas con una cucharada de judías, extiéndela, añade el resto de los ingredientes y finaliza con la lechuga.

2 porciones

〜*Elaina*

PLATOS PRINCIPALES

PASTA DE CALABACÍN CON SALSA PESTO DE RÚCULA

Pasta
- 4 calabacines, cortados en tiras en forma de tallarines con una mandolina o con un cortador en espiral

Salsa
- ½ taza de nueces
- ½ taza de hojas de albahaca
- ½ taza de hojas de rúcula
- 1 cucharadita de zumo de limón
- 3-5 dientes de ajo, molido
- 1 cucharada de pasta de miso suave blanco
- ½ cucharadita de sal marina
- ¼ de taza de aceite de linaza o de cáñamo
- Piñones para esparcir sobre la pasta

Pon las nueces en remojo durante 2-24 horas, luego escúrrelas bien. Tritura todos los ingredientes de la salsa en un procesador de alimentos o una batidora hasta lograr una mezcla homogénea. Mezcla con los tallarines de calabacín y adereza con piñones. También puedes mezclar o aderezar la pasta con aceitunas, tomates desecados al sol remojados y picados, tomate fresco picado, levadura de cerveza o escamas de dulse.

4 porciones

⌒*Elaina*

LENTEJAS EN EL PARAÍSO

COCINADO

- 2 ½ tazas de lentejas rojas, en remojo una noche
- 4 tazas de agua

Calienta el agua hasta que hierva en una olla y añade las lentejas. Aparta enseguida las lentejas para impedir que se peguen al fondo de la olla. Tras 15 minutos agrega:

- ½ batata mediana, pelada y cortada en dados
- 1 patata mediana, cortada en dados
- 7 dientes grandes de ajo, pelados
- ½ cucharadita de pimienta de cayena
- ½ cucharadita de sal
- 3 cucharadas de zumo de limón

Sigue cocinando durante 10 minutos hirviendo a fuego lento o hasta que las patatas estén hechas. Añade 3 cucharadas de zumo de limón. Aderézalo con cebolla verde y eneldo fresco.

3 porciones

⌒*Valya*

LENTEJAS Y CHILE CON TOMATES ASADOS, CREMA DE AGUACATES Y ARROZ MARRÓN

COCINADO

- 2 cucharadas de aceite de oliva
- 1 cebolla grande, en dados
- 4 dientes de ajo, triturado
- 1 chile jalapeño fresco, triturado
- 1 taza de lentejas verdes
- 1 taza de batata, pelada y cortada en dados de 2,5-5 cm
- 3 tallos de apio, cortados por la mitad a lo largo y picados
- 2 tazas de caldo de verduras bajo en sodio
- 1 lata de tomates asados de 450 g con jugo, sin sal añadida
- ½ cucharada de pimentón ahumado
- ½ cucharada de comino en polvo
- 3 cucharadas de cilantro, picado
- 2 cucharadas de jarabe de arce
- 2 tazas de verduras de hoja verde de invierno (col rizada, berza, acelga suiza, repollo, hojas de mostaza), cortadas en trozos de 2,5 cm.
- Sal marina y pimienta negra recién molida al gusto

En una sartén grande calienta aceite a fuego medio-alto y añade la cebolla, removiendo continuamente hasta que quede transparente. Agrega el ajo y el chile fresco picado y sigue calentando hasta que el chile esté dorado. Añade las lentejas, la batata, el apio y el caldo de verduras. Hierve a fuego lento durante 10 minutos. Añade el tomate, las hierbas, las especias y las verduras de hoja verde. Cubre y deja hervir a fuego lento durante 5-8 minutos. Aparta del fuego y déjalo reposar para que los sabores se mezclen. Sazona al gusto, añadiendo sal y pimienta si lo deseas. Sirve con una cucharada de crema de aguacate y cebolla verde picada sobre arroz marrón.

Crema de aguacate
- 3 aguacates, pelados y sin hueso
- 3 dientes de ajo
- ¼ de taza de zumo de lima
- ½ taza de semillas de cáñamo
- 3 cucharadas de aceite de linaza
- Sal marina

Tritura los ingredientes con un procesador de alimentos hasta que quede una mezcla homogénea, añadiendo el aceite de linaza mientras los trituras para conseguir una crema suave. Sirve muy frío con lentejas y chile con tomates asados.

6-8 porciones

⌒Chad

CROQUETAS DE SETAS SILVESTRES CON PUTANESCA RÚSTICA

CRUDO

Croquetas
- 3 tazas de nueces, rehogadas durante 10-12 horas
- 1 taza de piñones
- 3 sombreros de setas portobello, en dados y marinados en 2 cucharadas de salsa de soja Nama Shoyu y 2 cucharadas de aceite de oliva durante 1 hora o hasta que estén blandos

- 3 tallos blandos de apio, en dados
- ¼ de taza de cebolla roja, picada muy fina
- ½ taza de tomates cherry, partidos por la mitad
- ⅓ de taza de cogollitos de brócoli
- 1 ½ cucharada de tomillo seco
- 1 ½ cucharada de salvia seca
- ⅓ de taza de hojas de albahaca fresca
- 3 cucharadas de orégano fresco, picado muy fino
- 2 cucharadas de zumo de limón
- 1 cucharada de chile en polvo
- 1/2 cucharada de sal marina
- Una pizca de pimienta negra triturada

Muele las nueces y apártalas. Marina las portobello y apártalas durante 1 hora o hasta que estén blandas. Añade los ingredientes restantes a las nueces molidas. Cuando las portobello estén blandas, añádelas a la mezcla junto con la marinada. Remuévelo todo hasta que esté bien mezclado. Sobre una lámina no adherente forma pastelitos de 10 cm y deshidrátalos a 110º durante 4-6 horas.

Putanesca rústica

- ¼ de taza de aceitunas mezcladas (kalamata, verde y negra), deshuesadas y partidas en trozos grandes
- 3 cucharadas de alcaparras, escurridas
- ½ taza de tomates secos, rehidratados y en juliana
- 3 cucharadas de aceite de oliva
- 2 cucharadas de ralladura de limón
- 2 dientes de ajo, picados finos
- 1 cebolla roja pequeña, en dados pequeños

- 1 chile rojo fresco, picado
- Sal marina y pimienta al gusto

En un bol vierte las aceitunas, las alcaparras y los tomates secados al sol y mézclalos bien con los ingredientes restantes. Sirve sobre las croquetas de setas silvestres.

6 porciones

∽Chad

BRÓCOLI TAILANDÉS CON SALSA DE CHILE, ALMENDRAS Y ARROZ DE RAÍZ

CRUDO

Brócoli tailandés
- ½ taza de mantequilla de almendra
- 1 cucharada de jengibre, picado
- 1 ½ cucharada de zumo de limón
- 2 cucharadas de endulzante (dátiles, pasas o ciruelas)
- 2 dientes de ajo
- 2 cucharadas de tamari o salsa de soja Nama Shoyu
- 1 chile serrano, en dados (opcional)
- ⅓ de taza de agua para diluir
- 3 tazas de cogollitos de brócoli, picados
- ½ taza de pimientos dulces rojos y amarillos, en dados
- ½ taza de cilantro, picado
- 1 taza de germinados asiáticos
- Arroz de raíz

En una batidora de alta velocidad, bate la mantequilla de almendra, el jengibre, el zumo de limón, el endulzante, el ajo, la salsa de tamari y el chile serrano con el agua hasta obtener una mezcla homogénea. Añade más agua si hace falta para obtener la consistencia deseada. Mezcla la salsa en un gran bol con el brócoli, los pimientos y el cilantro, todo picado, y los germinados. Una vez que las verduras estén bien mezcladas deshidrátalas en láminas no adherentes a 105° durante 2-3 horas para ablandar. Sirve sobre Arroz de raíz.

4 porciones

Arroz de raíz: chirivía y sésamo

- 6 tazas de chirivía, pelada
- ½ taza de piñones
- 3 cucharadas de aceite de linaza
- 1 cucharada de aceite de sésamo tostado
- 1 cucharada de sal marina
- 1 cucharadita de pimienta negra
- 3 cucharadas de cebolleta, picada
- 2 cucharadas de semillas de sésamo negro

En un procesador de alimentos, tritura todos los ingredientes hasta que alcancen la consistencia del arroz blanco. Usa esta mezcla como base o sírvela en un plato con el brócoli tailandés.

7 tazas

⌒*Chad*

LASAÑA VEGETAL MARINADA
Marinada de pimiento dulce rojo

CRUDO

- 2 tazas de tomates secos rehidratados durante 1 o 2 horas (guarda el agua para aderezar)
- 2 dátiles grandes o 1 cucharada de Erythritol

- 2 dientes de ajo
- Una pizca de cebolla roja, picada
- 6 hojas de albahaca
- 1 pimiento rojo grande (o 1 tomate mediano), picado
- 1 cucharadita de sal del Himalaya
- Una pizca de cucharadita de orégano

Tritúralo todo en una batidora o hazlo puré en un procesador de alimentos hasta que quede una mezcla homogénea.

Ricota

- 3 ½ tazas de nueces, en remojo durante 24 horas
- ½ taza de agua (o más, si es preciso)
- 2 dientes de ajo, picados
- ¼ de taza de pasta de miso ligero
- 2 cucharadas de zumo de limón
- 1 cucharadita de condimento italiano

Remoja las nueces durante 24 horas, enjuaga muy bien y escurre. Tritura todos los ingredientes en un procesador de alimentos o mézclalos hasta conseguir una textura suave.

Verduras

- 4 calabacines medianos amarillos o verdes, cortados finamente a lo largo con una mandolina
- 2 setas portobello grandes, cortadas y marinadas en tamari o zumo de limón y sal durante 1 hora
- 1 manojo grande de espinacas o 4 tazas lavadas y picadas ligeramente
- 2 tazas de rúcula lavadas y picadas ligeramente

- 1 pimiento dulce rojo y 1 pimiento dulce amarillo grandes, cortados en juliana

Mezcla la espinaca y la rúcula picadas en un bol aparte.

Capas

Cubre el fondo de una cazuela de vidrio cuadrada (22 x 22 cm) con láminas de calabacín. Vierte sobre ellos 1/3 de la salsa marinada, luego ⅓ de la ricota, usando los dedos o una manga pastelera si es necesario para extenderla uniformemente. A continuación, con las manos o una bolsa para leche de nueces, exprime todo el líquido de las setas y coloca la mitad sobre el queso (puedes triturarlos en un procesador de alimentos para crear una textura como la de la carne, si lo deseas). Elimina el líquido de la mezcla de espinacas y rúcula empleando una bolsa para leche de nueces y colócala formando una capa sobre las setas. Luego añade la mitad de los pimientos dulces. Vuelve a empezar con el calabacín, la salsa, la ricota, las setas, la mezcla de espinacas y rúcula, y los pimientos. Sigue formando capas hasta que te quedes sin ingredientes o sin espacio en la cazuela, y termina con el queso y finalmente la salsa, alternándolos para que cuando lo deshidrates, el plato tenga la apariencia de una lasaña horneada. También puedes hacer la lasaña con un molde desmontable. ¡Cuando abres el molde por la parte lateral parece una apetitosa terrina de verduras! Si el día está soleado, pon la lasaña al sol con una rejilla deshidratadora encima; si no hace sol, caliéntala en la deshidratadora de alimentos a 125° durante un par de horas.

8 porciones

⌒ *Elaina*

VERDURAS AL VAPOR

COCINADO

- 3 tazas de guisantes
- 4 coles chinas, picadas
- 1 zanahoria, cortada
- ¼ de col roja, cortada
- 5 setas, picadas
- 3 tazas de trozos de brócoli

Cuece al vapor todas las verduras, añadiendo las setas y el brócoli al final. Añade los siguientes aderezos:

- 2 cucharadas de levadura de cerveza
- ½ cucharadita de sal
- ½ cucharadita de cilantro
- ½ cucharadita de pimienta de cayena
- ½ cucharadita de cebolla en polvo

Mezcla y sirve.

6 porciones

～Valya

JUDÍAS ROJAS CON CHIPOTLE Y SIN GRASA

COCINADO

- 2 tazas de judías rojas (alrededor de 3 tazas tras germinar), en remojo y germinadas con colas de 0,5 cm (ver las instrucciones a continuación)
- 5 tazas de agua
- 2 dientes de ajo, picado
- ¼ de cebolla, picada
- 1 trozo de alga kombu

- 2 cucharaditas de sal marina
- Una pizca de pimienta de cayena
- 1 cucharadita de comino en polvo
- 2 chiles chipotle (opcional)
- 1 cucharada de tomate en polvo

Pon las judías en remojo durante toda la noche, o durante al menos 6 horas. Germínalas colándolas en un escurridor o bolsa para leche de nueces y enjuagándolas todas las mañanas y todas las noches durante dos días o hasta que se forme una cola de 0,5 cm. En una olla mediana, cocina todos los ingredientes durante 1-2 horas o hasta que las judías estén tiernas. Puedes servirlo así mismo o triturando todos los ingredientes en un procesador de alimentos para darle la textura de las judías refritas. Puedes tomarlas en tostadas[8] o envueltas en hojas de lechuga romana.

3 porciones

∽*Elaina*

MAC DE «QUESO»

CRUDO

- 4 calabacines, pelados
- 1 cucharadita de sal marina
- Crema de sucedáneo de queso (ver página 60)

Usando la cuchilla grande de un cortador de verduras en espiral (Paderno o Spirooli son dos de las marcas que comercializan este utensilio), corta en espiral los calabacines en forma de tallarines y luego divídelos con unas tijeras en tiras de 5 cm. Mezcla con la sal y déjalos reposar alrededor de 5 minutos o hasta que los calabacines empiecen a soltar líquido. Sécalos en un escurridor de ensaladas hasta eliminar el exceso de líquido. Mézclalo con la crema de «queso» y disfruta.

3 porciones

✍ *Elaina*

MARINADA DE CALABACÍN Y BRÓCOLI TIERNOS

CRUDO

Verduras para la marinada
- 2 brócolis
- 2 calabacines, cortados en medias lunas finas o en tiras
- ¼ de pimiento dulce rojo, picado
- 5 láminas finas de cebolla roja, cuarteada
- Corta el brócoli en trozos que se puedan comer de un solo bocado. Pela el tejido fibroso con un cuchillo.

Marinada
- ½ taza de agua filtrada
- 2 cucharaditas de sal marina
- ½ taza de aceite de linaza
- 2 cucharadas de romero fresco
- 2 cucharadas de miso
- 4 dientes de ajo
- 2 cucharadas de cebolla en polvo
- 2 cucharadas de zumo de limón
- 1 cucharada de tamari sin trigo

Licúa hasta obtener una mezcla homogénea. Añádela a las verduras y deja marinar durante 5 horas o más. Para acelerar el proceso, coloca las verduras en un recipiente de vidrio de un litro y presiónalas firmemente contra el líquido. Deshidrata a 105° hasta que estén tiernas. Para que sepan mejor, sirve las verduras calentadas en el deshidratador de alimentos.

6 porciones

∽Elaina

POSTRES

«HELADO» DE CAFÉ OMEGA-3 CON ÍNDICE GLUCÉMICO BAJO

CRUDO

- 4 tazas de leche de semillas de cáñamo o nuez (2 ½ tazas de nueces o semillas mezcladas con 4 tazas de agua)
- ¾ de taza de pasta de musgo irlandés (ver página 80)
- ¼ de taza de jarabe de arce
- ¾ de taza de Erythritol, Lakanto o endulzante Xylitol
- 10 gotas de esencia de café
- 10 gotas de esencia de vainilla
- ¼ de cucharadita de sal
- ¼ de cucharadita de estevia líquida
- ¼ de taza de aceite de coco

Elabora la leche mezclando el agua con las nueces o las semillas, luego filtra el líquido con una bolsa para leche de nueces. Pon la pulpa de nueces en el congelador si quieres usarla para otro propósito. Mezcla la leche de nueces y los ingredientes restantes y viértelos en una heladera. Mi favorita es la heladera Cuisinart, con un cilindro congelable. Congela el cilindro durante toda la noche para obtener los mejores resultados. Saca el cilindro del congelador y monta la máquina colocándole la paleta giratoria. Déjala funcionar durante 20-30 minutos o hasta que la mezcla esté congelada, formando un helado bastante duro. Para obtener mejores resultados, no lo dejes funcionar más de 40 minutos o la mezcla empezará a descongelarse. Sirve inmediatamente o guarda en el congelador.

Consejo: ¾ de taza de líquido sirve para una persona, por eso me gusta guardar el líquido en el frigorífico y hacer solo la cantidad suficiente para esa vez. El helado no puede conservarse congelado durante mucho tiempo. La masa del helado se conserva durante 5 días en el frigorífico.

10-12 porciones

⌒Elaina

SORBETE RICO RICO DE VALYA

CRUDO

- 2 tazas de zumo fresco de naranja
- 1 plátano helado
- 1 taza de fresas congeladas
- 1 taza de cerezas congeladas
- 4 cucharadas de cortezas de psilio en polvo

Coloca todos los ingredientes en una batidora de alta velocidad. Utilizando un prensador, licúalos a velocidad baja o media. No es necesario licuar este sorbete a la máxima velocidad.

Además, usar una velocidad baja o media será mejor para la batidora. Ten los vasos listos para verter en ellos el sorbete tan pronto como hayas terminado de licuarlo porque el psilio es un espesante y rápidamente se endurecerá.

3 porciones   ∽ *Valya*

SORBETE DEL COLON FELIZ

CRUDO

- 2 tazas de zumo fresco de manzana
- 1 plátano congelado
- 1 taza de melocotones congelados
- 1 taza de moras congeladas
- 4 cucharadas de corteza de psilio en polvo

Coloca los ingredientes en una batidora de alta velocidad. Utilizando un prensador, licúa bien los ingredientes a velocidad baja o media. No es necesario licuar este sorbete a la máxima velocidad. Además, usar una velocidad baja o media será mejor para la batidora. Ten los vasos listos para verter en ellos el sorbete tan pronto como hayas terminado de licuarlo porque el psilio es un espesante y se endurecerá enseguida.

3 porciones

∽ *Valya*

SORBETE DECADENTE DE CREMA DE POMELO ROSADO

CRUDO

- 2 pomelos rosados (1 ½ tazas de zumo)
- ½ taza de azúcar de palma de coco o jarabe de raíz de yacón, o tu endulzante saludable favorito
- 2 cucharaditas de zumo de limón o de lima

- ¼ de cucharadita de sal marina 1 cucharada de semillas de chía molidas
- 1 cucharadita de lecitina de soja en polvo

Lava bien los pomelos con agua y lavavajillas. Extrae la ralladura de la cáscara de un pomelo utilizando un raspador zester. Exprime la suficiente cantidad de zumo de pomelo para 1 ½ taza. Cuela las semillas del zumo con una bolsa para leche de nueces o un colador. Vierte todos los ingredientes en una batidora y licúalos bien. Prueba la mezcla cuando hayas terminado. Como algunos pomelos son más dulces que otros, puede que tengas que añadir unas cuantas gotas de estevia. Congela la mezcla de pomelo en un congelador de helado de unos 2 o 4 litros siguiendo las instrucciones del fabricante.

3 tazas

                                        Elaina

BROWNIES DE ALGARROBA DE LA SELVA NEGRA

CRUDO

- 4 tazas de nueces en remojo y (opcional) deshidratadas
- ¾ de taza de dátiles sin semillas
- ¾ de taza de polvo de algarroba o 1 taza de polvo de cacao natural
- 2 cucharaditas de extracto de cereza o vainilla
- ½ taza de nueces secas picadas en trozos gruesos
- ½ taza de cerezas secas picadas en trozos gruesos

Pon las nueces en remojo durante 8-12 horas. Enjuágalas bien y sécalas con un paño. Deshidrátalas con un deshidratador de alimentos a 105° durante 12 horas, este es un paso

opcional que les dará a los brownies una textura más pareci-
da a la de un pastel). Tritura las nueces en un procesador de
alimentos hasta que se hagan harina. Añade los dátiles y sigue
triturando hasta lograr una mezcla uniforme. Añade el polvo
de algarroba y el extracto de cereza o vainilla y vuelve a triturar. Apretando muy firmemente, presiona la mezcla en un
molde para brownies. Enfría durante una hora en el frigorífico y luego córtalo en cuadrados. Si el molde es más grande,
puedes duplicar la cantidad de ingredientes. Estos brownies
se conservan en el frigorífico durante un mes o más.

⁓Elaina

PASTEL DE CHOCOLATE SIN AZÚCAR

CRUDO

Base crujiente
- 3 tazas de nueces, remojadas durante 8 o más horas
- ½ taza de semillas secas de chía molidas
- ½ taza de polvo de algarroba
- 10 gotas de esencia de almendra
- ½ taza de manteca de cacao raspada o rallada (sin derretir)
- ¼ de cucharadita de sal
- ⅔ de taza de pasta de musgo irlandés (también nece-
  sitarás 1 taza para el relleno; ver página 80)
- ½ taza de azúcar Lakanto o Erythritol o Xylitol al gusto

Tritura los ingredientes en un procesador de alimentos
hasta que estén bien mezclados. Coloca la mezcla en un molde
para tartas de 22 cm y presiona cubriendo los lados y el fondo
del molde con masa.

Relleno

- 1 taza de pasta de musgo irlandés (proporción de 1:1 de musgo con respecto a agua; ver página 80)
- 15 gotas de esencia de frambuesa
- 6 gotas de extracto de vainilla
- ½ taza de algarroba en polvo
- ½ taza de cacao en polvo
- ⅔ de taza de mantequilla raspada de cacao
- 1 ½ taza de nueces en remojo
- 2 tazas de agua
- ¼ de cucharadita de estevia líquida
- ¾ de taza de Lakanto, Erythritol, o Xylitol
- ½ cucharadita sal marina

Mezcla todos los ingredientes con una batidora hasta que quede una mezcla homogénea. Viértela en la base crujiente y déjalo reposar durante 1-2 horas en el frigorífico. Adorna con crema cielo alto.

Relleno: crema cielo alto

- ¼ de taza de musgo irlandés remojado (medida tras remojar en agua fría durante más de 3 horas)
- 1 taza de agua

Licúa el musgo y el agua hasta lograr una mezcla uniforme antes de añadir:

- 1 ¾ de taza de agua
- ¾ de taza de endulzante Lakanto sin azúcar o Erythritol
- ¾ de taza de aceite de coco

- 3 cucharadas de lecitina de soja en polvo
- 1 ½ de taza de semillas de cáñamo o nueces remojadas y escurridas
- 15 gotas de esencia de extracto de vainilla o 1 cucharada de extracto de vainilla

Mezcla todos los ingredientes en una licuadora hasta que la mezcla quede homogénea. Vierte la crema en los pasteles y pudines como desees con una manga pastelera. Este relleno se mantendrá durante 1 semana en el frigorífico.

Elaina

GALLETAS CHOCO-CHÍA A LA CANELA

CRUDO

- ½ taza de semillas de chía, molidas
- 2 tazas de coco rallado, en polvo
- ½ taza de polvo de algarroba
- ½ taza de polvo de cacao
- ½ taza de Lakanto o azúcar de palma de coco en polvo (para obtener unas galletas más dulces, añade ½ taza más de endulzante)
- 10 gotas de esencia de vainilla
- 10 gotas de esencia de cereza
- ¼ de cucharadita de estevia líquida
- 1 ½ tazas de pasta de musgo irlandés (ver página 80)
- 2 cucharadas de azúcar de palma de coco
- 2 cucharadas de mantequilla de cacahuetes orgánica
- 2 cucharadas de mantequilla de cacao
- 2 cucharadas de lecitina de soja en polvo

- ½ cucharadita de piel de naranja seca y molida
- 1 cucharadita de canela
- ¼ cucharadita de sal del Himalaya
- 2 pizcas de nuez moscada
- Una pizca de cayena

Muele la chía y el coco seco en una licuadora o en un molinillo de café hasta reducirlos a polvo. Pon la chía, el coco y los restantes ingredientes en un procesador de alimentos y tritúralo todo hasta lograr una mezcla homogénea. Haz pelotitas con la masa y aplástalas para formar galletas. Deshidrata a 115° hasta que estén crujientes, o cómelas tal y como están, sin deshidratar.

⌒Elaina

YOGUR DE COCO Y FRAMBUESA

CRUDO

- 6 cocos jóvenes (dan para aproximadamente 3 tazas de pulpa de coco y 7 tazas de agua)
- 2-3 cápsulas de polvo probiótico
- 1 ½ (aproximadamente) de frambuesas frescas

Abre los cocos y extrae la pulpa para llenar unas 3 tazas. Mézclala con aproximadamente 7 tazas de agua de coco joven hasta lograr una mezcla uniforme y cremosa. Vierte el contenido de la licuadora en un recipiente de vidrio limpio y mézclalo con el contenido de las cápsulas de polvo probiótico. Coloca el recipiente en un lugar cálido de la cocina y cúbrelo con un paño limpio. Déjalo reposar durante 6-10 horas. Sabrás que el yogur está listo cuando tenga una consistencia esponjosa. Se mantiene en el frigorífico durante al menos una semana. El color del yogur debería de ser blanco. Si se vuelve rosado, descártalo. Para una ración, vierte 2 tazas de yogur de coco en un bol y añade unos 230 g de frambuesa fresca.

5 porciones

⌒ *Victoria*

PUDÍN DE ARCOÍRIS VERDE

CRUDO

- ½ manojo de col rizada sin tallo
- 1 taza de fresas
- 1 taza de moras
- 1 mango, pelado y sin semillas
- 4 dátiles, sin hueso
- 5 ramitas de menta
- 4 tazas de agua
- 5 cucharadas de semillas de chía

Mezcla los ingredientes excepto las semillas de chía en una licuadora. Añade las semillas de chía por último. Licúa hasta obtener una mezcla homogénea y sirve inmediatamente en un vaso decorado con una rodaja de fresa y una hoja de menta.

4 porciones

⌒ *Victoria*

PUDÍN DE CHÍA Y ORTIGAS

CRUDO

- 3 tazas de ortigas (para no pincharte durante la preparación, utiliza guantes o una bolsa de plástico)
- 2 tazas de fresas

- 2 tazas de zumo de manzana
- 5 cucharadas de semillas de chía

Mezcla las ortigas, las fresas y el zumo de manzana en una licuadora, usando un prensador si es necesario. Añade las semillas de chía al final, licúa hasta obtener una mezcla homogénea, y sirve inmediatamente antes de que el pudín se solidifique. Sirve en un vaso bonito decorado con una rodaja de fresa.

3 porciones

∽ *Victoria*

PUDÍN DE PAPAYA

CRUDO

- 1 taza de germinados de girasol
- 1 papaya pequeña, pelada y sin semillas

Para una consistencia más espesa, mezcla estos ingredientes con una licuadora de alta velocidad sin añadir agua. Usa un prensador si es necesario. Sírvelo en vasos bonitos decorados con una rodaja de fruta.

2 porciones

∽ *Victoria*

LECHE DE SEMILLAS OMEGA-3

CRUDO

- 1 taza de nueces, semillas de lino o semillas de cáñamo, en remojo durante 4 horas
- 4 tazas de agua
- Estevia al gusto
- ¼ de cucharadita de sal marina
- 1 cucharada de pasta de musgo irlandés para dar textura (ver página 80), opcional

Enjuaga bien las nueces o semillas y escúrrelas. Tritúralas con el agua hasta que la mezcla quede homogénea (30 segundos). Filtra utilizando una bolsa para leche de nueces. Vierte unas cuantas gotas de estevia para endulzar. Añade la sal marina. Prueba el sabor a vainilla o caramelo, y, si deseas darle más textura, añade pasta de musgo irlandés. Puedes guardar la leche en el frigorífico en un recipiente de vidrio hasta 5 días. También puedes guardar la pulpa de semillas o de nueces en una bolsa con cierre hermético colocada horizontalmente en el congelador para su uso posterior en la confección de pasteles o pan, pero no más de un mes.

⌒Elaina

LA MEJOR MEZCLA DE ZUMO VERDE QUE JAMÁS SE HA HECHO

CRUDO

- 4 tallos de apio, picados
- 2 tazas de espinacas
- ¼ de manojo de perejil
- ¼ de manojo de cilantro
- 2 manzanas, peladas y troceadas
- 1 pepino, cortado en dados grandes
- ¼ de limón, sin pelar

Mezcla todo en un exprimidor. Bebe inmediatamente.
1 litro

⌒Valya

BATIDO DE ELAINA PARA DESPUÉS DE CORRER

CRUDO

Después de correr durante una hora o más, tengo que reponerme para una recuperación óptima y conservar las fuerzaso. Este es mi batido favorito para ello:
- 1 plátano maduro
- 1 taza de fresas o de otras bayas
- 2 manojos grandes de espinacas, col rizada o perejil
- 2 cucharadas rebosantes de proteína de cáñamo

- 1 cucharada de glutamina-L (suplemento para la recuperación muscular)
- 2 cucharaditas de lecitina de soja en polvo (para incrementar el poder cerebral y proporcionarle una textura cremosa al batido)
- 1 cucharada de semillas de chía (ver página 90)
- 1 cucharada de polvo Vitamineral Green
- Unas cuantas gotas de estevia líquida

Licúa hasta obtener una mezcla homogénea y cremosa. Vierte en un frasco de un litro y bébelo antes de una hora.

1 litro aproximadamente

~*Elaina*

BATIDO DE CHÍA Y MACA

CRUDO

- 2 tazas de leche de semillas de cáñamo, nueces o linaza
- ¼ de taza de semillas de chía en remojo (ver página 90)
- 2 cucharadas de harina de linaza molida
- 2-3 cucharadas de maca en polvo
- 1-2 cucharadas de lecitina de soja en polvo
- 4 gotas de esencia de vainilla o 1 vaina de vainilla
- 1 cucharada o 1-2 cápsulas de polvo probiótico
- El endulzante que desees: 6 gotas de estevia (el mejor) o 2-4 cucharadas de miel o de jarabe de arce
- ¾ de taza de cubitos de hielo si lo deseas

Licúa hasta obtener una mezcla homogénea. Puedes doblar o triplicar las cantidades de ingredientes de la receta para que dure dos días más.

Variación de batido verde de chía

Elimina la mitad de la maca y añade una cucharada del polvo verde que decidas.

Para una mayor variedad, puedes probar a añadir diferentes extractos naturales como el de plátano, coco, arce, café, chai, etc.

Elaina

BATIDO VERDE OMEGA-3

CRUDO

- 4 tazas de verdolaga, hojas y tallos
- 1 mango maduro, pelado y sin semillas
- 1 taza de fresas
- 4 tazas de agua
- 1 cucharada de semillas de chía

Triturar bien y servir.

5 porciones

Victoria

BATIDO VERDE RÁPIDO

CRUDO

- 1 manojo de acelgas sin el tallo
- 2 mangos maduros, pelados y sin hueso
- 4 tazas de agua

Tritura los ingredientes en una licuadora hasta lograr una mezcla homogénea y sirve.

1 litro

Victoria

BATIDO «PERA-FECTO»

CRUDO

- 1 manojo de col rizada
- 2 peras, cortadas
- 2 plátanos, pelados y cortados
- 2 ramitas de menta fresca
- 4 tazas de agua

Tritura los ingredientes con una licuadora hasta lograr una mezcla homogénea y sirve en un vaso bonito decorado con una hoja de menta.

3 porciones

⌒Victoria

BEBIDA DE LECHUGA PARA TU SALUD

CRUDO

- ½ manojo de lechuga de hoja roja
- ½ manojo de lechuga de hoja de roble
- 1 taza de fresas
- 2 plátanos, en rodajas
- 1 manzana, cortada
- 4 tazas de agua

Tritura los ingredientes con una licuadora hasta obtener una mezcla homogénea y sirve en un vaso bonito y decorado con una rodaja de fresa.

3 porciones

⌒Victoria

DOCTOR VERDE

CRUDO

- 1 manojo de perejil fresco
- 1 pepino pelado
- 1 manzana fuji, cortada
- 1 plátano maduro y cortado
- 1 hoja de aloe vera con piel de una planta viva, del tamaño del pulgar
- 3 tazas de agua

Tritura en una licuadora hasta obtener una mezcla homogénea. Sirve en un vaso decorado con tiras finas de pepino.

3 porciones

∽*Victoria*

BATIDO SUPER VERDE

CRUDO

- 1 manojo de acelgas, sin tallo
- 1 pimiento rojo grande, sin rabillo, pero con semillas
- 2 tazas de agua

Licúa los ingredientes en una licuadora hasta obtener una mezcla uniforme. Sirve en un vaso bonito.

2 porciones

∽*Victoria*

BATIDO VERDE PARA AYUDAR A LA TIROIDES

CRUDO

- 1 manojo de acelgas, sin tallo
- 1 mango maduro, pelado y sin hueso

- 1 taza de fresas
- 2 cucharadas de alga kelp, granulada o en polvo
- 4 tazas de agua

Triturar bien y servir.
1 litro

~*Victoria*

SALTAMONTES SOBRE UNA MORA

CRUDO

- 1 taza de pasto de trigo
- 1 taza de espinacas
- 1 taza de moras
- 2 manzanas, picadas
- 1 trozo de jengibre de 2,5 cm
- 1 plátano
- 4 tazas de agua

Licúalo todo bien. Viértelo en un vaso bonito decorado con varias tiras finas de espinacas.
4 porciones

~*Victoria*

AGRADECIMIENTOS

Agradecemos enormemente la ayuda de nuestras amigas, que pasaron muchas horas editando nuestro manuscrito: Aletha Nowitzky, Vanessa Nowitzky e Ines Compton. Damos las gracias a Valya Boutenko por compartir generosamente sus recetas en este libro.

ÍNDICE TEMÁTICO

SOBRE LOS AUTORES

VICTORIA BOUTENKO es la autora premiada de *Green for Life, Raw Family: A True Story of Awakening, 12 Steps to Raw Foods, Green Smoothie Revolution*, y *Raw Family Signature Dishes*. Chef de comida cruda elaborada, maestra, inventora, investigadora y artista, ha ayudado a millones de personas a descubrir los batidos verdes y la alimentación crudívora. Para aprender más sobre sus enseñanzas, visita www.rawfamily.com.

ELAINA LOVE es instructora en el renombrado Instituto de las Artes Culinarias *Living Light* y ha estado impartiendo cursos de alimentación crudívora por todo el mundo desde 1998. Directora y propietaria del almacén *on line* de comida crudívora y página web Pure Joy Planet (www.purejoyplanet.com), vive en Patagonia (Arizona).

CHAD SARNO es fundador y director de Vital Creations (www.rawchef.com), empresa internacionalmente reconocida de asesoría a restaurantes, servicio de chef personal y cáterin y diseño de alimentos. Fue chef personal de Woody Harrelson hasta que en 2009 se unió a Whole Foods para ayudar a lanzar la Iniciativa para una Alimentación Saludable de la empresa. Vive en Austin (Texas).

NOTAS

1. *Journal of the Science of Food and Agriculture*, noviembre 2003.
2. Susan Allport, *The Queen of Fats: Why Omega-3s Were Removed from the Western Diet and What We Can Do to Replace Them* (Berkeley: University of California Press, 2006).
3. Elisabeth Rosenthal, «Another Side of Tilapia, the Perfect Factory Fish», *New York Times*, 2 de mayo, 2011.
4. Omega-3 Fatty Acid Deficiency takes 96,000 Lives Annually in the US», *Reuters News Service*, 25 de junio, 2009.
5. Dulse: tipo de alga marina roja gruesa comestible.
6. Kelp: alga marina.
7. Borscht: sopa rusa de remolacha.
8. Tostadas: Se trata de tostadas mexicanas, tortillas de maíz duras y crujientes.

ÍNDICE